WHY
YOUR ESSAY FALLS SHORT OF
YOUR PROFESSOR'S EXPECTATION

你写的论文，
为什么老师总看不上？

田洪鋆　赵海乐 —— 著

北京大学出版社
PEKING UNIVERSITY PRESS

图书在版编目(CIP)数据

你写的论文,为什么老师总看不上? / 田洪鋆,赵海乐著. -- 北京:北京大学出版社,2024.9. -- ISBN 978-7-301-35437-7

Ⅰ.G642.477

中国国家版本馆 CIP 数据核字第 2024U47E21 号

书　　　名	你写的论文,为什么老师总看不上? NI XIE DE LUNWEN, WEISHENME LAOSHI ZONG KANBUSHANG?
著作责任者	田洪鋆　赵海乐　著
责任编辑	田　鹤
标准书号	ISBN 978-7-301-35437-7
出版发行	北京大学出版社
地　　　址	北京市海淀区成府路 205 号　100871
网　　　址	http://www.pup.cn　http://www.yandayuanzhao.com
电子邮箱	编辑部 yandayuanzhao@pup.cn　总编室 zpup@pup.cn
新浪微博	@北京大学出版社　@北大出版社燕大元照法律图书
电　　　话	邮购部 010-62752015　发行部 010-62750672 编辑部 010-62117788
印　刷　者	北京宏伟双华印刷有限公司
经　销　者	新华书店
	850 毫米×1168 毫米　32 开本　11.375 印张　236 千字 2024 年 9 月第 1 版　2024 年 11 月第 2 次印刷
定　　　价	58.00 元

未经许可,不得以任何方式复制或抄袭本书之部分或全部内容。
版权所有,侵权必究
举报电话:010-62752024　电子邮箱:fd@pup.cn
图书如有印装质量问题,请与出版部联系,电话:010-62756370

序　言

　　亲爱的读者朋友们,《你学习那么好,为什么写不好论文?》的续集《你写的论文,为什么老师总看不上?》终于和大家见面了。严格来讲,"终于"这一词并不确切,因为此书从编辑到最终出版用时并不长,仅仅花费了大半年时间。然而,如果从写作过程来看,此书的真正成书时间却相当漫长:书中的文章是自 2021 至 2023 年三年以来,我(爬树鱼)和吉大秋果的公众号帖子的精选集合。而每一篇帖子的写成,又都是当时有感于学生指导工作的即时记录。从这一意义上讲,本书的完成,同时也代表着我和秋果三年来在科研、在教学、在学生指导工作当中最新的认识与进步(比如说,秋果三年来更有名了;我虽然还没啥名气但也已经招进来两名博士生且开始面对"博士生级别"的论文指导难题了)。终于,在公众号读者朋友们的追读下、在我们现实中的学生的配合下,我们又攒够了一本书!

　　可能有的读者朋友会问,我已经从头到尾看过了《你学习那么好,为什么写不好论文?》,还有必要继续看《你写的论文,为什么老师总看不上?》吗?

　　我认为有,秋果也认为有。或者说,我和秋果反倒期待,看完了第一本书的学生宝宝们都能就此化身论文写作大师，洋洋万言，援笔立就，文不加点，篇篇得A；但问题恰恰在于，理想是丰满的，现实是骨感的。论文指导工作就好比"打地鼠"：当我们解决了一批问题，又迅速发现了另一批新问题……有的"新问题"是老问题的变体，也有的"新问题"是老问题的反面或者说矫枉过正。举个例子，我们在第一本书当中提到，"手拿文献跟导师谈开题，是对老师起码的尊重"，但在实践中，这个问题会迅速演绎为第二本书中的新问题："我都看书了，为啥我导师还是不高兴？""问题是消灭不完的"，我和秋果的帖子也是写不完的。所以，新书就这么来啦！欢迎大家"鉴赏"我和秋果的"打地鼠"第二版！当然，书中也有些内容，是针对我们从未见过的全新现象的首次阐释。最典型的例子，是本书中有数篇帖子都是关于"AI辅助科研"的。在我们撰写上一本书时，AI在论文写作领域的应用还没有进入大众的视野。

当然，除了内容更新，这本书与上一本书也具有相当的共性。一方面，这本书的特点同样包括题材广泛、兼顾学术和非学术题材、问题意识浓厚、针对现实中学生的提问和错误，以及语言不正经但内容正经，因此阅读起来保证轻松愉快。另一方面，本书结构和上一本也大体相同，共分为"问题意识篇""文献使用篇""写作流程篇""师生互动篇"与"写作意识篇"。当然，分类仅仅是方便大家检索，阅读顺序请大家自主决定，开心就好！

在新书出版之际，序言的最后一部分照例是"感谢"。感谢的对象包括支持我和秋果的读者朋友们和一直关注"女教授跟生活的死磕"公众号、积极给我们留言并与我们互动的网友朋友们,以及为我们提供了大量写作素材与灵感的学生宝宝们。我和秋果虽然不能一一列名感谢他们(这个名单怎么想怎么觉得像是"黑名单"),但,我想借此跟学生宝宝们以及读到此处的读者朋友们说一句:学习写作原本就不是容易的事。别怕犯错、别怕被骂,你的导师其实不会跟你生气。不信的话你就读读本书,你看能不能感觉到,我和秋果写这些文章时其实都挺快乐的。这本书标题可能有点扎心,但内容绝对不是我和秋果的血泪控诉,而是我们呈现给大家"看,我们又解决了多少困难!"的合集。我们都很高兴能够帮助大家"打怪升级"!顺便说一句,有个学生宝宝曾经向我科普过啥是"笑容守恒定律"——笑容不会消失,只会转移。如果我和秋果写帖子时的笑容能够转移给正在读这本书的你,我们的目的就全部达到啦!

爬树鱼(赵海乐)
2024 年 5 月 23 日于长春

目 录

问题意识篇

若无心动,请别选题 …………………………… 003
别笑!这都是真事:师兄开题语录 …………… 007
我的老师说能写的题目,为啥我写得这么费
　劲儿? ………………………………………… 010
天上可能掉下来林妹妹,但真的掉不下好选题 …… 013
现在的学生啊,绝大多数不知道啥是"问题
　意识"! ……………………………………… 016
选题要有理论性,不能研究现象! …………… 019
老师,我把论文写跑题了! …………………… 021
为啥我觉得正好的题目,老师们都嫌大? …… 024
研究方向哪里找?项目指南来帮你! ………… 027
没有这种思维,你的法律就白学了! ………… 030
N谈问题意识:"问题"不是你手中的电钻,而是顾客
　的墙上需要一个"钻孔" ……………………… 033
为啥我导师不让我开题? ……………………… 036
"跟你不太熟"的题,请你谨慎地碰它 ………… 039
那些看起来就比较"扯"的论文题目长什么样? …… 041

论文选题这事儿,我好像把学生的活儿给做了 …… 045
在我看来,其实绝大多数硕士论文开题都太早了! … 048
一文给你说明白啥叫问题意识,问题意识与问题
  的区别! ……………………………………… 051
扒一扒论文开题被挂掉的 N 种理由 ……………… 054
学术最大的问题:研究是解决问题,不是你想干啥
  就干啥 ……………………………………… 057

文献使用篇

我为什么让你从最新的文献读起? ……………… 063
你为什么需要穷尽中文文献? …………………… 065
你文献读得不是太少,是太多了! ……………… 067
脚注和参考文献,究竟有啥区别? ……………… 070
连资料都找不到,还写啥国际法论文? ………… 072
论文引证,真不是用来彰显你读书多 …………… 075
论我为什么看不懂大神的文章 …………………… 078
叫你看一手资料,真不是让你上来就啃一手资料! … 081
啥叫文献综述?文献综述咋写? ………………… 084
科普帖:啥样的文献要看最新的? ……………… 086
科普帖:别人的论文怎么带你飞? ……………… 088
研究生:有些书你看不了,至少你现在看不了! … 091
遇到和我观点不一致的资料,可以假装不存在吗? … 094
你导师为啥老叫你看文献? ……………………… 096
为啥读书三个月,导师一问你却啥也不知道? …… 098

写作流程篇

迈出科研第一步:同学,你只管写! ……………… 105
科研第一步,先写个一万字? 才不是呢! ………… 108
强迫症犯了,老想反复改论文,咋办? ……………… 111
写一篇论文,进度条应该是啥样的? ………………… 114
小心科研、大胆下笔,这不矛盾! …………………… 118
发论文为啥会出现大小年? …………………………… 122
论文中的分析问题:不是给出"你认为"的原因,
　　而是能说服别人的"原因" …………………… 125
我的第一篇论文,为啥写了半年? …………………… 128
博士论文框架是怎么搭起来的? ……………………… 131
科普帖:怎样确定论文该投啥样的刊物? …………… 134
扫盲帖:论文从投到发表,究竟要经过什么流程? … 136
论文写作是一个链条化的过程,第一关把握不住,
　　后面咋努力都是装腔作势! ……………………… 139
博士生科研基础帖:一篇论文写多长? ……………… 142
写博士论文究竟是"水滴石穿",还是"一鼓作气"? … 145
我来告诉你,为啥你导师记不住你的论文改了啥? … 148
同学,你能把论文"默写"一遍再开始敲字儿吗? … 151
写论文前请默念:我的读者"又懒又笨"! ………… 153
老师,我写论文老"回车"是咋回事? ……………… 156
毕业论文答辩:论文陈述的正确姿势 ………………… 159
毕业论文答辩:有料就好好说,没料就简单说 ……… 162
为啥答辩完之后,大家都蔫蔫的? …………………… 165

我用看病给你解释论文写作的结构和思路 ………… 168

师生互动篇

老师,你咋不夸我呢? ………… 173
老师,你为啥不待见我呢? ………… 176
同学,你是在写毕业论文还是在逗我? ………… 178
导师内心独白:如果学生不能真正拥抱写作,那么
  写作过程就是对彼此的一种折磨! ………… 180
拜托,我是博士生导师,幼儿园级别的问题就别问
  我了! ………… 184
论文写作不能啥事都指望老师,老师只能提供判断
  和方向指引! ………… 187
论文答辩中老师的各种隐晦用语 ………… 190
你和导师谈论文? 导师和你辩论 ………… 192
师生沟通必备:论文写作基础知识十问十答
  (学生版) ………… 195
导师最害怕的学生类型实录! ………… 199
保护导师血压计划:给导师提交论文初稿的正确
  姿势 ………… 202
"导师制"到底是啥? 一文给你讲个明白 ………… 205
同学,你写的是论文还是散文? ………… 208
迷茫了? ——要跑起来,在奔跑中寻找方向! ……… 210
为啥你都看书了,你老师还是不高兴? ………… 213
你导师为啥总催你? ………… 215
学术不能自理型研究生实录 ………… 217

最令答辩组老师抓狂的答辩方式,说的是你吗? ··· 220
"老师,您一天写一千字吗?""不写!" ·············· 223
请不要把你的论文指导教师,逼到"极限操作"的
  死角 ·· 226
师生矛盾最大的根源是信息不对称:先了解写作
  流程,再找导师讨论论文 ·· 229
写给研究生的八个毕业论文写作小技巧 ············ 231
致那些写不出论文"对策"部分的同学们! ·············· 234
研究生的第一年:同学之间能产生多大的差距? ··· 236
同学,你不菜,真的不菜! ······································ 240
当你导师跟你说你都是个博士生了,你知道是啥
  意思吗? ·· 243
读博士不需要B计划!人生也如此! ·············· 246
当硕导变成博导,怎么突然就变凶了? ·············· 249

写作意识篇

说你呢,对,没错!你能写好论文! ·············· 253
当人家说你论文的理论性不够,是什么意思? ······ 256
再说论文的"理论性":有它叫解决问题,没它叫
  解释问题! ·· 258
一个毕业论文写作的"怪现象":总是试图换包装来
  提升一个产品的质量 ·· 261
写不出论文的人基本都是"读"和"写"的能力有
  问题 ·· 263

写作不是一项研究的起点和中点，而是收尾，是
　　冲刺！ …………………………………………… 266
写作需要"逻辑"，不能总用"蛮力"！ ………………… 269
来啊！测试啊！说你写作不行是因为阅读不过关，
　　你还不服！ ………………………………………… 271
怎么才能解决写作过程中遇到的各种困惑？ ……… 273
十万字的大论文究竟难写在哪？ …………………… 276
科普帖：写论文为什么影响作息？ …………………… 279
你啥都挺好的，只是五行缺"练"！ …………………… 282
"论文写得自己都不信"是一种什么体验？ ………… 285
读博的你，要经历一个很长的延迟满足期 ………… 288
年审论文200篇：我发现论文写作是一个医不好
　　的病！ ……………………………………………… 291
所谓的"改稿子"，你究竟改啥呢？ …………………… 294
啥叫抄袭？自己写的就不算抄袭吗？ ……………… 297
是时候该反思一下什么是"真正的论文写作了"！ … 301
一个复杂的逻辑，背后一定有一颗混乱的心 ……… 304
同学，你对什么是"创新性"以及"你能做的创新"
　　有误解 ……………………………………………… 307
爬树鱼图解啥是"创新性"，再不明白我也没招了 … 309
"让你交初稿，不是交草稿"，这句话到底啥意思？ … 312
《研究生论文写作伤残鉴定标准》…………………… 315
恨鲥鱼多刺、海棠无香，才是科研最常态的模样 …… 320
为啥看别人写论文都觉得容易？ …………………… 322
那些一眼看上去很烂的论文都长啥样？ …………… 325
写论文是科学不是艺术 ……………………………… 327

看完AI一本正经地胡说八道之后,我彻底放心了 …… 330
再论AI为什么不会写论文 …………………………… 333
三论AI写论文:它真会"写"吗? ………………………… 335
AI时代,究竟还需不需要知识的记忆? ……………… 337
一学就会的论文写作技巧(本科生版) ……………… 339
一学就会的论文写作技巧(硕士生版) ……………… 342

后记:六年磨了两把剑! ……………………………… 345

问题意识篇

若无心动,请别选题

爬树鱼

我年年都带本科论文,几乎年年都会有学生跑来找我:"老师,我的论文写了一半儿,发现这个题目真没意思。我想换题目。"通常来讲,倒不至于是从国际法换成法制史这样的换法,往往是从美国对华反倾销换成澳大利亚对华反倾销,从罗尔斯诉奥巴马换成中兴公司被美国调查这样的角度调整。对于这种学生,只要后换的题目本身也能写,我一般都不会拦着。毕竟,本科论文都是老师拟好了题目让学生来选,学生们可能对某些题目几乎没啥了解。甚至还会有学生老老实实地告诉我:"其实,老师,我选你这个题目,是因为手滑,点错了。其实,俺根本就不知道啥是'安全港'……"

本科生的毕业论文,选题换换没啥,通常都不影响正常毕业。然而,此处,我要讨论的是博士阶段的论文写作。博士生往往也会兴致勃勃地拿个题目就开始写,然后,越写越觉得:没意思,真无聊,我不想写了,我想换方向……这问题就大了。不仅是浪费时间的问题,更重要的是,换完个题目往往也会写得很差劲儿。为啥?论文选题可不是"包办婚姻",向导师要个题目就可以"入洞房"了。论文选题更像是谈恋爱,你得和题目"来电",你得有心动的感觉。

第一,只有"心动"了,你才会全情演绎这个题目。论文写作,其实是个苦差事,"为伊消得人憔悴"那种苦差事。连续一个月跟一个题目死磕,你的衣带如果不是渐宽而是渐窄,那只能意味着你还不够投入。因此,只有对着一个有感情的题目,你才会全身心投入写作。举个例子,我自己的毕业论文题目是"自然资源贸易",那可是我从小就熟悉的内容。直至写作博士论文时,我都记得20世纪90年代"美国对华钢铁反倾销"导致我爹被拖欠工资的事儿。于是,在写作过程中,我明显能够感觉到,自己是怀着一种类似于"使命感"的心情,去研究中国稀土生产格局、煤炭开采国内批准程序……换句话讲,只有让你心动的题目,你才会有动力去把它写好。因此,从这个角度来讲,我并不赞成向导师要题目。本科生选择给定的题目,在很大程度上是由于他们鉴别能力略差;而博士生,一方面应当有敏锐的选题视角,另一方面也要对题目有感情。日复一日对着一个没感情甚至很讨厌的题目,你烦不烦?

第二,你自己有了心动的感觉,才证明你这个题目选得"够味道",才可能打动你的读者。所谓"心动",一定是有原因的。小伙子看到了姑娘心动,或者是因为姑娘面容美丽,或者是因为姑娘歌喉动人。写论文也是同理啊。怎样才能对一个题目心动?绝对不是因为这个题目是热点,研究的人多。而是,"哇,我读了好多好多对这个问题的理论预测了,终于来了个实例!"或者,"呀,这难道不是'无知之幕'在基层选举当中的真实演绎吗?太棒了!"你心动,是因为你心中已经有了一个对美的预设。而面前的美女,正好击中了你心头的那个"点"。写论文也是同理,你爱这个选题,那么,让你爱上它的那个原因,一定也会是能够感染你的读者们的最重要的理由。因此,随后的写作过程,其实就等同于一步一步引领读者观看最初让你心动的那个事件。看,多浪漫的一个过程!

第三,只有心动,才不容易见异思迁。客观地讲,写论文,还真是个"万花丛中过"的过程,往往写着写着就会发现更有意思的东西。这非常正常。但是,切记,一定不要中途调转方向,一定要坚持写完手里这个题目!为啥?新题目往往只是引起了你的兴趣,而你对它的兴趣,往往还停留在"这可能是个新问题"的层面上。举个例子,我在整理某个研究"不利可得事实"问题的论文资料的过程当中,突然发现:哇,这个案子真有意思,跟其他案子都不一样!但是,这份"有意思",最后转化为新论文了吗?没。仅仅是有意思而已。如果勉强写了篇论文,最后发表的刊物也会非常低端。毕竟,论文选题,应该是个深思熟虑的过程。一时的兴趣未必足以转化为"心动"。"小猫钓鱼"的故事都听过吧？钓鱼就钓鱼,千万别被花蝴蝶给牵着跑啦!

别笑！这都是真事:师兄开题语录

爬树鱼

我师兄,男(必须的),25岁,国际法专业博士二年级学生,最近想要开题了。

我:师兄,你为什么想要开题了？是"万事俱备,只欠东风"吗？

师兄:不是,是某某公约就要签署了,再不开题到时候开题更难。要读的文献得多一倍。

我:师兄,咱导说了,开题之前手里得有3万字资料,你有没有啊?

师兄:有啊。

我:师兄真棒！

师兄:别告诉咱导,我其实有30万字资料,只不过都没看过。

我:师兄,那么你的开题报告提纲是怎么想出来的啊?

师兄:嘘……是咱大师兄给我的。

我:啊,大师兄真是个好人！

师兄:谁说的?！他给我的时候就告诉我,这个提纲他试过了,根本写不出来论文,所以大师兄去年就弃坑了。

开题当天。

答辩组组长：你的论文选题是否具有创新性？

师兄：有！这个选题特别新，国内从没有人研究过！

答辩组组长：国外呢？

师兄：国外文献有啊，只不过全部是持反对中国立场的！

答辩组组长：你为什么相信自己有能力驾驭这个选题？

师兄：因为我爱国，可以反驳他们！

答辩组组长问我们导师：老王，你同意这个学生开题吗？

导师：同意。

答辩组组长：嗯，这个选题……你不再斟酌斟酌？

导师：不用，反正咱们院允许二次开题。

以上均属笑话，但如果看不懂笑点在哪儿的同学请务必往下看！

其一，这种法律马上要变革的选题不是不能做，但请务必在尘埃落定之后再做，以免做无用功哦。本人的第一个论文选题就是被导师以"某法律已经通过，因此你的选题毫无意义"为由否决的。

其二，你觉得30万字多吗？不多，也就中国知网30篇论文，或者一本中等厚度的著作。

其三，没事儿千万别从别人手里捡题目。倒不是因为"师兄说了不能写就一定不能写"，而是，哪怕师兄能写的题目你也未必写得了。

其四，有的问题只有在西方才有研究意义，在中国没有意义。这种问题你见过没？我见过！《一国政府是否有成文宪法与其腐败程度的关联》，此题目来自某常青藤名校的一位法学博士（SJD）。我那天去听这个论文报告午餐会，纯属是因为提供免费的肯德基……

其五，如果我是导师，遇到头铁且不听我劝告的学生，就只能让他自己先撞南墙再回头了。相信我，这真的不好玩！遇事多听你导师的，别硬杠。

我的老师说能写的题目，
为啥我写得这么费劲儿？

爬树鱼

很久很久以前我写过一个帖子，里面提到"选完论文题目之后记得问你导师一声，这题目究竟能不能写"。不过，这句话似乎也给某些小朋友带来一些困惑：我问了，我真问了，导师说"能写"，可是，我怎么就偏偏写得那么费劲儿呢，而且还不仅仅是写起来不顺，好不容易写完了，还发不出去……

嗯，对于这一问题，其实，正确的理解方式应该是：你导师觉得不能写的题目，你一定不能去写；你导师觉得能写的题目，你也不一定能写。

这句话是不是有点儿绕？其实解释起来一点都不绕。

先说前半部分，你导师觉得不能写的题目，除某些客观的原因（比如"诺贝尔奖没有数学奖"这种原因）外，一定是他认为此题目有硬伤。比如，不新；比如，没资料；再比如，太宽泛……当然，你导师他老人家也完全有可能判断错误，但他至少是真诚地相信此题目"你真的写不了"。

然后再说后半部分，为啥导师他老人家说"能写"的题目,你也未必写得了?

其一,此题目可能没问题,但他老人家对你的能力有着不切实际的期望。这可以约等于"学霸给学渣讲题":

"这道题很简单的,你在这儿画个辅助线就行啦。"

"啥?"

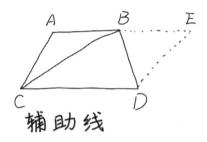

此种题目多为某些理论性或思辨性较强,不是单靠读资料、整理资料这种苦功夫就能写出来的题目。

其二,此题目的确没问题,但你导师对背后的工作量有着不切实际的估量。此类题目需要的背景知识通常较多。举个例子,某导师让他的学生写了一个"论WTO争端解决机制当中的比例原则"的题目。难吗?不难。但问题是,写这个题目首先需要若干行政法方面的知识储备,然后还得有大量WTO案例作支持。否则,又会回到"学霸给学渣讲题":

"你去看国民待遇原则那块儿对国内措施目的和手段的论述!"

"老师,什么原则?"

这种题目或许能通过下功夫扫清障碍,但问题在于,很可能会有同学一头扎进去就再也出不来了……

其三，此题目一定没问题，但，跟你的学术兴趣不相符。你可别小看"学术兴趣"这个词。很多小朋友刚开始做学术，根本不知道自己在哪方面有学术兴趣；但是，一旦他的导师给他一个题目，他就会迅速发现，自己对这个领域完全没兴趣。此事可以类比为某些同学表示"我不挑的！"但其实，他不吃肥肠、不吃羊肉、不吃红烧肉、不吃地瓜、不吃茼蒿、不吃葱姜蒜……而且，更可怕的是，挑食的同学往往自己会做饭或者至少会买菜，但"挑题目"的同学，往往自己还不具备选题的能力。

综上，老师说不能写的题目，九成九不能写；老师说能写的题目，你还真不一定能写。那么，怎么办？不是说老师的意见就从此没有参考价值了，而是，你得从实践出发，具体问题具体分析。一方面，主动发现自己的学术兴趣；另一方面，如果发现题目对自己来讲"太高"，一定要主动请求降低点儿难度，比如要求写这个题目的细化版或者理论结合实际版。你导师是一定不会反对的，只会很欣慰地感慨：学生会思考了！

天上可能掉下来林妹妹，但真的掉不下好选题

爬树鱼

每年9月开学，都有一批学生踌躇满志地踏上学术之路。这批学生可能是未来想要读博的硕士生，也可能是一年级博士生，但其共性在于，几乎所有学生都会小小纠结一番：我研究啥？或者说，考博时提交的（我也不知道自己说了啥的）研修报告，如何转化为一篇篇小论文？前几天，就有位硕士生直接跑来问我：老师，我该如何获得第一篇论文的选题？

老实说，刚听到这个问题，我是有点儿懵的。因为，根据我带学年论文的经验，哪怕是大三的学生，都能轻松选出来一篇小论文的题目。硕士生咋反倒选不出来了呢？然后，经过深入交流，我发现，这位同学想要的不是"选题"，而是一个具有学术前瞻性、前人没有写过、对知识储备要求不高、资料别太多太难读、最好写完了还能发表的论文选题。

这种题目是不存在的。为啥这么说？因为，这位同学选不出题目的原因是："我能想到的题目，别人都已经写完了；理论性太强的题目我写不出来；司法大数据研究有新意，但我看到200个案子就懵了；我看到别

人写的论文都好有道理啊,完全不觉得自己有再写一篇的必要。"所以,唯一符合这位同学需求的题目,应该是他导师读完了相关文献,发现某个领域存在研究价值且真的没人研究,只要提出一个新的观点就能立刻填补学术空白的题目。比如:"我读过了美国关于外商投资审查的全部案例,发现当前国内学者的研究唯独没有考虑到美国《宪法第四修正案》的适用问题。此问题的美国判例不多,只有6个,适合进行资料搜集与整理。小张,你拿这个题目去研究一下,一个月写完后给我。"——这么好的导师,请给我批发20个!(此题目是我虚构的。美国《宪法第四修正案》和外资审查没关系。)

不仅如此,其实同时符合上述要求的题目,几乎不存在。为啥?哪怕你导师告诉你"某领域只有6个案子",你猜,这6个案子是他从多少个案子里面筛选出来的?我曾经筛选过一次案子,从134个案子里,挑出来的能用的案子只有8个……同理,你导师或许的确发现了某问题是"国内学者没研究过"或"没定论"的,但是,你猜,他是排除了多少"国内学者已经研究过"的选题才找到一个"没研究过"的呢?换个角度来讲,你猜,一个选题如果能"排除"到这份儿上,大致需要多久?大致需要"从我啥都不懂到我拿起来笔就能写作"那么久。如果真的是这样,那么,这个选题你导师为啥反倒不动笔去写呢?

综上,又新、又有价值、又好写的题目,它真的不存在。别看最终发表出来的论文结构多么清晰、论证多么明快,这可都是作者从一大堆沙子里面淘出来的黄金。在写论文这个过程中,其实大概得有一半时间是"淘沙子"的过程。天上真的掉不下好选题!

现在的学生啊,绝大多数不知道啥是"问题意识"!

吉大秋果

各种想象的问题充斥在论文写作中!

我对学生写作的指导是分步骤的,先确定方向,检索文献,看文献,找问题。学生针对确定要研究的问题跟我沟通,如果我确认这是个问题可以写,学生才可以进行下一步,结果,最近就在沟通什么是问题的环节出了很大的问题。

首先,我们先说一下论文为什么要有问题。原因如下:

(1)论文是议论文文体,议论文是一种解决问题的文体,没有问题不行。

(2)议论文要求发表观点,没有问题或者相应的问题场景,你发表啥观点?你的观点附着在什么之上?

(3)议论文的问题是指需要被解决的问题,是客观存在而且有被解决的需求的问题。说这一点是因为很多学生用脑袋想象了很多"问题",而这些"问题"都不是问题,很奇怪。这些都是看书不够多,理解不深入的结果。

其次,我们说一下啥是问题。

尽管我跟很多学生都说过,问题是需要被解决的问题(problem),而不是需要被回答的问题(question),因为只有 problem 没有现成的答案,才需要你研究。你的毕业论文写作是一个研究过程,这一点不要忘了。不要仅把写作当成毕业的一个环节或者获得学位证的手段,它是一个研究过程,训练你的研究能力。但是很多学生还是弄不明白啥是 problem,举几个例子:

例子 1:《×××制度的构建》,这是某个学生的论文题目。我问她要解决啥问题,她说这个制度中国没有。我说,没有不是问题,得引发了现实的 problem 才是问题。就像我没有 LV 包包,如果我觉得我并不需要,这就不是问题。不是所有东西都要有,明白吗?你必须说明没有这个制度已经造成很大的麻烦才行,这个麻烦才是问题。

例子 2:《非婚生子女继承权保护》,这也是某个学生的论文题目。我问学生问题是啥?学生说,非婚生子女有时候不跟老人生活在一起,可能也不被家人知道,所以在继承上非婚生子女其实是不能及时获得相应信息的。我说,这不是法律问题。法律对非婚生子女和婚生子女继承权的规定是一样的,至于现实生活中的各种情况,尤其是当事人需要自己把握的情况跟法律没有关系,懂吗?法律不是啥都管。法律规定清楚了,当事人也得自己上点儿心。

例子 3:《女性权益保护问题研究》,某学生的论文题目。我问她要解决啥问题,她说,女性在家庭生活中承担了较多的家务劳动,因为生育和照顾家庭影响了职业发展,因此要保护女性的姓名权、家庭生活决定权。且不说家庭生活影响女性是不是一个法律问题,就说这种影响其实是性别和文化造成的,这个问题能被法律解决吗?再说女性为家庭付出更多,这是个现象,这个现象背后的法律问题需要挖掘,不能直接把这个现象拿出来说事。如果只是分工不同,并无矛盾和冲突,也就不需要解决。更多的情况是,在离婚时要考虑女性对家庭的无形付出,给予女方一定的补偿,在普遍意义上谈这个问题其实没有太多意义。这是个纯粹脑补出来的问题,没有经过调研,没有数据,也没有对女性的采访分析,就是自己一拍脑门想出来的。需要把生活中的琐碎问题和法律要调整的问题区分开。

例子4:《论A对B问题的影响和解决思路》,这也是令人头疼的选题,这是事先预设了答案的、被我称为"你多大鞋我多大脚,为了鞋量身定做脚"的写作手法。你问他问题是什么,他会告诉你:我尝试用A解决B问题。你问他为什么,他说:就是没有用A这么做的,所以我要做。大家要区分自己想要做的是什么和做这件事情要解决的问题是什么。很多时候,大家列举的题目都是我要做什么,但是不考虑我为什么要做,而能说明白我为什么做这个事情就是问题意识。

选题要有理论性，不能研究现象！

吉大秋果

后台有读者提问：你在《批判性思维与写作》这本书中指出选题要有理论性，可是啥叫理论性？其实我在书中已经用机动车与行人的责任划分举例说明过，今天我通过另外一个例子把这个问题再展开说一下。所谓的选题要有理论性，是指选题不能停留在现象层面，而是要上升到所学专业的理论层面上，正所谓透过现象看本质。

举个例子，有一篇论文的题目是《股权并购中知识产权流失问题研究》（纯虚构，勿对号入座）。从题目来看，知识产权流失是作者要研究的"问题"，但是这个问题只是一个现象级别的问题，并不是一个理论级别的问题。原因就在于知识产权流失是一个社会现象，可以从多个学科切入研究。也就是说经济学有经济学的切入角度和研究方法，法学有法学的切入角度和研究进路。那么我们作为法学生，要使这个题目看起来是具有法学学科特征的。如何能够使这个题目看起来具有法学的学科特征？那它一定要体现法学学科的理论框架，也就是说要具备法学的理论性。我们可以试着将这个题目改成《股权并购中被并购方知识产权权利的保护》。一旦涉及权利的保护就能让人看出你是从事法学研究的，你是从法学角度切入的。我们也可以试着将这个题目改成《股权并购中被并购方知识产权博弈的困境与出路》，这就可以让人看出该论文涉及经济学的内容,也使标题具有了经济学的理论性。

上文我解释了什么叫做问题的理论性,接下来我解释一下问题为什么要具有理论性。首先,如上文所说,选题得有理论性才能让人看出你的专业,否则你怎么拿到学位啊?其次,选题要有理论性才能锁定选题的切入点,否则就太大了。选题大了,你就可以想写啥写啥,那哪能行呢?最后,论文写作的过程其实就是提出问题、分析问题和解决问题的过程。其中,分析问题不能在问题产生的层面上分析,得上升到理论层面分析。这个问题我写过文章,大家参照《当人家说你论文的理论性不够,是什么意思?》《再说论文的"理论性":有了它叫做解决问题,没有它叫做解释问题!》《啥叫理论基础,为啥文章要有理论基础》。

总而言之,言而总之,你的论文选题不能只停留在现象层面,必须在你的专业知识和专业理论的指导之下,对这个现象级别的问题进行理论升华,找到这个现象背后对应的你所在学科的某个具体的理论问题,这样你的论文写作就成功一半了。不是有那么一句话吗?好的选题是成功的一半,不好的选题是失败的一大半。如果连问题都锁定不了,那你说你研究的是什么?只能是寂寞!

老师，我把论文写跑题了！

爬树鱼

此文标题，是一位同学发来的紧急求援信息。

我回复：论文就没有跑题一说，接着写。

首先解释，论文为啥没有跑题一说。如果你写的是10万字的博士论文，当然会出现某部分"跑题"的问题，比如论文主旨是"大数据杀熟"，但你用了1万字去论述"大数据的国家安全隐患"。然而，对于1万字的小论文而言，所谓的"跑题"，通常的情形是：某同学构思完论文，信心满满地下了笔，结果，写着写着发现，自己要论述的并不是原先想好的"应当规制电商对消费者数据的使用，进而规制大数据杀熟"，而是越来越偏向"应当从源头禁止电商获取消费者的非必要数据"。

那么，此种现象真的算"跑题"吗？未必。更加确切的说法，是这位同学在还没有把论文构思到尽善尽美时就下笔了。虽然他的想法是"可以通过解决甲问题进而解决乙问题"，但写着写着，他就会发现，"解决甲问题的前提是必须解决丙问题"；或者，"解决了甲问题也不一定必然解决乙问题"；又或者，"即便通过解决甲问题解决了乙问题，但是'按下葫芦浮起瓢'，马上又会产生丙问题、丁问题……"因此，所谓的"跑题"，其实并不等同于高中语文作文那种"离题万里"，而八成是代表着你在写作当中，对所要论述的问题有了更加深入的思考，且认识到了自己此前逻辑的不足。这其实是一种好现象，总比一条路走到黑，不撞南墙不回头要强。更何况，即便是已毕业的博士，这种"写着写着发现问题不大对劲儿"的现象，也时有发生。

遇到此种现象应当咋办？一种"事后诸葛亮"式的说法是，想好了再下笔，别下了笔才发现逻辑不对。此种说法的不负责任之处在于，它忽略了论文写作的复杂程度以及人脑的有限性。一个人可以用纸笔推演出复杂的逻辑，但仅用脑力推演往往会卡住。最简单的例子是你不看象棋棋盘下个盲棋试试。同理，如果一个人拍着胸脯说自己从来都是援笔立就，从未在写作过程中质疑过自己的构思，那么，唯一的可能性就是此人从未写过论文。

我固然不会鼓吹在自己都没想清楚问题时就贸然下笔，但，当你发现论文的论证距离你原有的立论越来越远时，别急，写下去，你只管写下去！当写完整篇作品草稿，你再回去看看论文标题，反而会发现还存在着一个更加精准的论题。这个论题可能是原标题的限缩,可能发生了角度的变化,还可能是把原标题直接变成了副标题(在原标题仅为"论域"而非观点的情况下最有可能)。但不论如何,写论文这事儿,还真允许"先开枪再画靶子"。这真没问题!当然,此种方式必然会有一个副作用——有点儿费字数。写完之后,你很有可能需要进行大规模的增删。但是,话又说回来,谁写论文能一次就定稿呢?

为啥我觉得正好的题目,老师们都嫌大?

爬树鱼

有一次组织硕博开题,我发现一个普遍的问题是很多学生的题目都太大了。最常见的一种"大"法,是题目为"某某问题研究",然后,下面设了三个分论题。结果,每一个分论题在我看来,都能独立写出来一篇硕士论文。我发表了此看法后,我后边那个老师更狠,直接说:"其实吧,我觉得,你的每一个分论题,都能写出来一篇博士论文!"

对此,学生们通常很忧伤:老师,这个题目不大!我觉得三万字正好写完这三个分论题!

这，我完全承认。事实上，你如果用一万字写完这三个分论题我也完全可以想象，毕竟，我这么多年的本科毕业论文不是白带的，本科生连"论诚实信用原则在我国合同法中的体现"这种题目都敢写（还好至今为止没人跟我说过他想写"论诚实信用原则"）。但是，能写，写得完，并不代表你这篇文章是篇好论文，只能代表你写得浅，每个该去论述的地方都草草略过了。

对于这个道理，我懂得其实挺早的。大一上学期那年，法理学老师以"权利/权力"为题布置了篇三千字的期中论文，然后告诉我们，其实他自己要以这个题目写篇博士论文，十万字那种。我当时的本能反应是：我这三千字写得完这么大的题目吗？于是，我最终交上去的论文题目果真不是"论权力"，而是"论美国分权制衡体制如何限制总统权力"。（别笑我，我那时候大一。）再后来，我发现，我的法理学老师的博士毕业论文题目也不是"论权力"。这种神题目，他老人家也 hold 不住哦。——那么，你猜，从"论权力"到"论美国分权制衡体制如何限制总统权力"，我这是限缩了多少步才最终得到的题目呢？而且，从理论上讲，哪怕是"论美国分权制衡体制如何限制总统权力"，这个题目也足以写出一篇 10 万字的博士论文，只不过在中国的法学语境下此题目是否有研究意义有待商榷。

不过，话又说回来，其实开题的时候，上述那些"大"题目，我们也都放过了，绝对不会因为一个题目"大"就把论文挂掉。为啥？因为，开题阶段学生们往往根本不知道自己想写啥，很多学生都仅仅是有个模模糊糊的"论域"概念,即我要研究发展中国家特殊与差别待遇问题,而不是我要研究如何保护中国能够享有这个待遇的问题。后者,往往是下笔前那一瞬间才能得出来的结论;直到那时候,这篇文章的构思才真正能成型。而在开题时,很多学生往往不具有"下一秒钟就可以动笔"的状态,有的学生甚至仅仅处于"这个领域的基础知识我终于弄懂了"的状态。因此,我们往往会提示学生们:你这个题目太大,可能写不完;你现在不觉得大,是因为你研究得不够深入,未来,请一定注意限缩,限缩到一个你写起来足够舒服、你导师看上去感觉论证也足够充分的程度!

研究方向哪里找？项目指南来帮你！

爬树鱼

"老师,我不知道研究啥!"

此问题通常出现在研三想要考博的小朋友当中。要考博,总得提交研修计划,对未来三年或者四年进行整体规划。然而,两眼一抹黑去寻找题目,总担心自己关注的不是学术界关注的,冷门题目不好写也不好吸引未来的导师。而且,自己这辈子还没规划过长达三年的这么大的研究内容!想起来就慌。怎么办？

当然,对于这个问题,如果能寻求到未来导师的帮助更好;但鉴于很多小朋友还指望用一份精彩的研修计划打动潜在的导师,而非一副傻乎乎的啥也不懂的样子吓跑未来导师,所以,此路不通。对此,我有一个很简单的办法:下载当前的国家社科、司法部等高大上项目的项目指南,然后去里面逛逛。(教育部基金就别关注了,那个没有项目指南。)

那么,为啥呢？你猜项目指南是哪儿来的？每年在项目指南公布以前,上述高大上的基金项目总会预先发一个项目征集通知,邀请各名校教授大咖踊跃提交他认为下一年值得研究的项目方向,然后在汇总后公布给学术圈去研究。所以,你猜,这些名校教授嗅觉敏锐不,前瞻性强不强？人家认为值得投入数十万元经费去研究的课题，会不会在未来多年内都具有研究价值呢？

不过，使用项目指南确定未来研究方向，也不是随便找一个看着顺眼的项目指南条目就可以。对于准博士生来讲，还有以下事项需要注意：

其一，注意限缩。绝大多数项目指南都是方向性指南，即指给你一个方向，具体走到哪儿要看你的兴趣爱好。举例来讲，某个项目指南条款可能是"RCEP在我国的实施研究"，但中标项目往往是"RCEP投资章节在我国的实施研究"。项目指南也没指望哪位老师真的去研究这么大一个题目，更何况，你仅仅是一个博士生……顺便说一句，"限缩"这事儿还有个更简便的做法：你也可以不看项目指南，直接看当年中标项目的名称。这些项目既然能通过多轮评审，至少选题一定是大小适当的。但是，请一定注意，中标项目也有重大项目和青年项目的区别。前者八成不是一个博士生能完成的。

其二，注意结合自己的学术基础。题目再好也得你真的懂才行。即便是国家社科基金项目的评审，也是要关注申请人是否有充分的研究基础。所以，博士生小朋友千万别看哪个题目顺眼就不顾自己实际情况地一头扎进去。小心出不来！

其三，看最新的项目指南！法史、法理等学科或许时效性没那么强，但对于国际法等更新换代快的学科，实在不需要进行五年或者十年的选题跟踪。

最后，说个能让你和你导师双赢的事儿。如果你导师恰好中了一个项目，而你又恰好对此很感兴趣，那么尽管写吧！你的研究兴趣和你导师的研究项目合二为一了，你可以获得充分指导，顺利毕业，你导师也能在你们的共同努力下顺利结项。还有比这更美好的事儿吗？

PS:此帖只适合想要寻找博士三年研究内容的准博士生或者博一新生，不适合寻找本科论文题目的小朋友或者只想找个小论文题目的博士生。

没有这种思维,你的法律就白学了!

吉大秋果

> 作为法律人,你得把自己从自己的直观感受中抽离出来。

通常,高校在年底会有一波答辩,这两天我在高校工作的好朋友们在朋友圈里吐槽答辩的事情,我听着挺好玩,但也发现了一些问题,跟大家分享一下:

答辩过程笑点频出。学生们只相信自己的感觉,不探寻事实,观点全部缺乏论据,张嘴闭嘴就是"我认为""我感觉"。当朋友问学生为什么觉得民事再审的门槛低时,学生的回答是"我觉得低"。朋友继续不死心地问她:"你有什么依据吗?"她说:"我的工作经验啊!我的领导也这么说啊!"

还有一名学生在研究方法中写了专家指正法、调查取证法……当老师们问到这些研究方法都是什么,以及从哪儿得来的时,该名学生答曰:网上说的。我想问的是:你对网上的信息不加辨别吗?作为一名法律工作者,你在询问被告人的时候,他跟你说什么就是什么吗?你不看证据吗?你在给被告人定罪量刑的时候,你告诉他我感觉你犯了故意杀人罪,我觉得你应该判死刑。你觉得被告人能放过你吗？

另外一个学生认为一个小额贷款公司跟客户签订的小额贷款合同不是一个借款合同。老师问他：为什么不是借款合同？什么是借款合同？他说他自己是这么理解的，平时听别人也是这样说的。老师继续问：《民法典》怎么规定的？权威的学者对这个问题是怎么看待的？他却一概不知……当我们苦口婆心地教导他，论文需要论证，说话要有依据时，这个小伙子突然开了窍，回应了一句：我是有依据的，是一个重庆人说的……还有一个学生说受贿罪保护的法益是职务行为的廉洁性，老师追问道：这是20世纪80年代的通说，现在最新的观点，比如清华大学黎宏教授认为是职务行为的公正性，张明楷教授认为是职务行为的不可收买性，你怎么看？该学生大言不惭：老师，这两个人的观点我不知道，但是我感觉没啥区别。

法律的基本思维是一种论证思维，这种论证思维要求人们说话必须有依据，而且依据必须是可靠的。例如，针对一个犯罪嫌疑人，非法律人可以凭直觉反应——他杀人了，他得判死刑。但是法律人必须丝丝入扣地进行说理和论证，你的依据就是犯罪学规定的构成故意杀人罪的要件，缺一不可。这就要求我们在得出结论时必须谨慎，必须细致，必须对自己的结论负责。

同理，在写论文得出观点的过程中，必须有依据，否则就是信口开河、无凭无据。我在教我自己的学生的时候，最不赞成他们一张嘴就是"我觉得……"。我在法国留学的时候对法国的一句法谚印象深刻,"法官是法律的一张嘴",你只能替法律站台,你个人的感受和直觉应该放在一边,法律是讲规则、讲理性、讲逻辑、讲论证的。

学了法律(其实生活中也是这样)你就要尽可能地提醒自己,不要凭借自己的直观感受和感性判断事物,要尽可能地把自己抽离出来,站在客观公正的角度、站在法律的思维和逻辑上想问题。"你觉得"真心没那么重要,而且还让人很反感。

我在校园里经常能看到情侣吵架,通常女孩会对男孩说:"我觉得你对我不好。"男孩说:"怎么不好了?"女孩娇嗔地一跺脚一扭身子说:"就是觉得不好嘛……"这种思维最可怕,千万别带到法律的学习中。

N谈问题意识:"问题"不是你手中的电钻,而是顾客的墙上需要一个"钻孔"

吉大秋果

> 摆脱不了个人中心主义,就永远不会有问题意识。

我无论是指导论文写作还是项目申报,第一个问题都要问:"要解决的问题是什么?"至于问题对于写作的重要性,我之前已经在很多文章中说过了,在这里就不再赘述。今天说一个现象,就是好多人把自己想做的事情、自己有的东西当作问题意识,这是不对的。

比如《×××多元化法律体系建构》(纯虚构,勿对号),作者认为他的问题就是多元化法律体系建构。我说这不是问题,这是结论,这是你针对某个问题给出的结论,也是你的对策。问题应该是一个客观事实,是一个实然的东西,你论文的题目是一个你的主观结论,是一个你认为的"应然"的东西,这不是问题(可以翻翻我以前的关于实然与应然的文章)。对话进行到这里,作者就会继续说,客观上需要多元化法律体系,并且把这个当成问题意识。这仍然是不对的,客观上需要多元化法律体系是你的一个判断,必须证明这个判断是正确的,所以你还是得列举客观上需要多元化法律体系的例子和论据,这又回到了"实然"。问题意识是一个客观事实,是一个实际存在的东西,不是你手里有的,也不是你认为是的东西。

举个例子,你是一个技术工人,你会使用电钻,你有电钻。你为了找到更多的活儿干就必须推销自己。推销自己的时候,你会说"我有电钻"吗?那样不会有多少人理你,你要想一想顾客为什么会找你干活。那你可能会说:"他们需要电钻啊!"这就是问题意识。不,还不到位。确切地说,顾客需要的是在他的墙上有一个"钻孔",比如5毫米的钻孔。这才是问题,至于你是用电钻,还是用别的工具,顾客不关心,他只关心他需要的5毫米的钻孔能不能实现。

解释到这里,你会不会对问题意识有了更清晰的认识?问题不是你认为你有什么,你能提供什么,而是你能切实地考虑客户的实际需求,从客户的实际需求的角度来用你有的东西提供解决方案。但你的解决方案和你拥有的技术不是问题,问题在客户那里。如果用"实然"和"应然"理论来解释,实然是顾客需要钻孔,但是墙上没有;应然是找到了你之后,你能在墙上打出顾客需要的钻孔。而你提供的电钻只不过是完成顾客需求的工具而已,这个工具本身并不是问题。

同样地,论文写作中的问题意识也不是你能干什么、你有什么,而是现实中的实际需求是什么。你要找到现实中的那个"5毫米的钻孔",并且通过论文写作和论证的方式告诉大家,你所掌握的专业知识能够帮助他们解决"5毫米的钻孔"的问题,这才是问题意识的正解。

至于为什么每次人们都把自己拥有的东西、想要提供的解决方案当成问题意识本身,这就涉及个人中心主义:作者永远是从自己的角度想自己要做什么,而没有换位思考客观事件需要什么。如果你是个技术工人,你总是这么想问题,不能从顾客的角度想顾客的实际需求,那么你的生意估计也蛮难做的。

为啥我导师不让我开题？

爬树鱼

吉大法学院的惯例是每年6月组织研二学生集体开题。当然，在6月的官方开题之前，各个导师通常还会提前一至两个月组织师门内部预开题。这时候，应该就会有同学不开心了：为啥我同门可以去开题，我就还得再等等？导师为啥不让我开题？

对于这个问题，简单的答案是："导师怕你开题挂了。"复杂的答案则是："你导师觉得你现在这个样子开不了题。"那么，究竟什么样的开题报告容易被导师中途拦下来？在此非穷尽性地列举几个：

（1）看的文献太少。此处的"少"，可能是绝对数量的"少"，比如别的学生的参考文献有七十几篇而这位同学只有十几篇。也可能是关键文献的"少"，比如国际法专业的学生，参考文献里连一个英文字母都没有。当然，此种"文献太少"不仅仅体现为开题报告太短，也同时体现为文献综述不全、提纲不具体。

（2）问题意识不清。例如，某位学生的开题报告第一部分是"定义"，第二部分是"特征"，第三部分是"发展历史"，到了第四部分才是"中国对策"。在开题现场，如果老师们比较较真，当场问这位学生"你究竟想要论证什么观点",这位学生往往是答不出来的。

（3）论文结构设计存在"想当然"的情况。此种情形的外在表现是在共包含五部分的开题报告当中，可能只有前两部分有二级、三级标题，后三部分仅有孤零零的一级标题。换言之，对于某些问题，作者根本没啥研究，就以一种一往无前的预判精神将其列在了提纲当中。

（4）开题报告不能体现最新动向。举个例子，某问题明明在《民法典》当中已有了最新规定，可某学生的开题报告还大量集中在对《民法总则》的论述；某问题明明在《美墨加协定》当中有了新进展，可某学生还沉浸于对《北美自由贸易协定》的回顾……如果开题当天问这位学生为何如此，此学生往往会理直气壮地讲："老师，我还没研究到最新进展！"

那么，会不会有一种可能：当你研究到"最新进展"时，你会惊喜地发现，此问题其实已经不用你研究了……

（5）开题报告看上去不像"一篇论文"。如果说前几种情形多出现在准备不充分的学生身上，那么此种情形，多出现在文献阅读得非常多且非常勤奋的学生身上。举个例子：

文章标题：论国际投资法当中的公平公正待遇

论文结构：

第一章：引言

第二章：公平公正待遇究竟是"实体待遇标准"还是"程序待遇标准"

第三章：公平公正待遇与征收条款的竞合

第四章：公平公正待遇与国际习惯法的关系

第五章:结语

此开题报告不像"一篇论文",像"三篇",即第二至四章的每一章抽出来都可以扩写成一篇独立的论文。

此种状况的出现,其实在于开题的学生自己没厘清自己要写啥,于是想把知道的东西都塞进同一篇文章。于是,这篇文章特别肥,肥得走不动路……

以上几种情形,请同学们在开题前着力避免。毕竟,开题只是论文的预演。一个或肥或瘦的开题报告,都无法孵化出一篇健康的论文!

"跟你不太熟"的题,请你谨慎地碰它

爬树鱼

前几天,带一位学生写论文,可是带着带着就越来越感觉不对劲儿。咋这儿也是知识性错误,那儿也是知识性错误……而且,还不是"WTO成立于1945年"这种纯粹的知识性错误,而是"知道有SCM协定,但不知道里面的某些条款失效了"这种"啥事儿只知道一半"的错误。

于是,我小心翼翼地问:是不是这题目对你而言有点难啊?

学生:老师,这题目我跟它不熟!题目里有俩关键词,第一个我不认识,第二个我也不认识!

我:那……这题目你是咋选的?题目本身还真没毛病!

学生:我看见有人研究!

贸然去动和自己"不太熟"的题目,这种情形通常在高年级硕士生和低年级博士生身上容易出现。年级太低的学生,很可能发现自己和任何一个前沿问题都不太熟,所以无所谓选哪个题目了。年级高的学生,比如博士三年级,往往在自己那个领域已有了比较深入的研究,所以不会和题目不熟了。只有刚刚要进入某一领域的学生,才尤其容易出现"碰到和自己不熟但又想写"的情形;或者说,会碰到"自己不熟但又必须写"的情形。这种题目,真要写起来,其实挺麻烦的,因为一大半时间不是用在研究新问题上,而是用在"开荒"上,即补足基础知识。然后,由于时间所限或者性格急躁,基础知识补得又不那么足,于是,写出来的论文就如开篇那位小朋友的,会出现各种"读书读一半"的知识性错误……

当然,看到此,估计会有小朋友提问:"老师,难道你是让我去写一个十成熟的题目吗?即这个题目当中的每个词我都懂,每个问题我都了如指掌?"那当然也不行,因为这种题目往往"没啥写头",即你已经掌握得炉火纯青的领域,往往不会有啥最新动向。写出来也会丧失创新性,终稿很可能更像一篇文献综述。

那么,咋整?十成熟的不能写,不咋熟的也不能写。啥能写?

对此的标准答案是,七八成熟的题目。例如,基础知识你熟,最新动向你不大熟;或者,"某某问题在某某领域的应用"这种题目,二者你懂一个就行,不懂的那个可以慢慢探索。这实际上也符合人类认识规律。毕竟,不论是啥科研领域,难道不都是顶着锅盖,站在自己认为安全的领域,向着未知的领域悄咪咪地探出一只脚?

那些看起来就比较"扯"的论文题目长什么样?

吉大秋果

以下几种选题建议学生党自行避开:

第一种:跨学科或者交叉学科。

如果你的专业是法学,但是你的论文题目中涉及经济学、社会学、心理学、文学等,直接不考虑。为啥?因为你没能力。论文是要识别问题、分析问题和解决问题的,你跨到经济学、社会学、心理学等学科,你就需要用这些学科的知识来解决你的问题,但是前提是你有这些学科的知识吗?你说:"我虽然没有系统地学过,但是我知道某个理论,或者某个概念,比如经济学就是成本收益……"你以为这就是一个单纯的概念,哪个概念不是长在这个学科的体系里的?概念背后有理论,理论背后有学派,学派背后有思想,思想背后有体系,别只讲概念。你选这个题目就已经暴露出你不太懂论文写作。

第二种:题目中将一级学科、二级学科、三级学科作为研究对象的。

还是以法学为例,一级学科法学,二级学科刑法学、经济法学、国际法学、宪法学、法理学……三级学科,以国际法学为例,分为国际公法、国际私法和国际经济法。如果你作为一个学生,毕业论文题目中直接将三级学科作为研究对象,比如国际经济法规则的重构……你就还是不自量力,因为这是学科大佬们的选题,跟你没有关系,离这些又大又深又涉及多年积淀的题目远一点,这不是你该碰的"奶酪"。

第三种:将现象作为研究对象直接出现在标题中的。

写论文就是要解决问题,你首先得有个问题,这个问题是你所属学科的问题,而不是一些生活化的问题或者表面的问题。比如关联企业问题、社区矫正问题、证据丢失问题、法院卷宗问题,这些充其量就是个名词,需要具体化这些名词在你学科中的特定问题。你可以说证据丢失是个问题,但是证据丢失是个现象级别的问题,你翻遍教科书,理论上没人研究证据丢失问题,你得在证据丢失这个现象之下确定这个问题的本质,是取证制度设计有问题,还是举证责任分配存在问题。法律不研究证据丢失这个表面问题,而是要深入这个表面去探寻背后到底是证据制度设计、举证责任负担,还是证据采集程序问题……透过现象看本质在识别问题的环节就是要透过现象级别的问题看到问题背后的学术本质,也即属于你学科的问题。离婚难、结婚难、生育难不要放在标题上,这类标题都是现象,需要提炼到学科的本质上。这属于没有学科思维,所以也是不靠谱的选题。

第四种:新生事物,特别新的不适宜研究(不一定全对,满足条件可以写)。

为啥?因为新生事物就是不成熟的,不成熟就是没有文献,没有文献你怎么研究?你或许说那总得有人研究吧？是！但恐怕不是你这种人。你不知道你的毕业论文是花几个星期写出来的吗？你要毕业，你要找工作，你留给毕业论文的时间就那么几个月或几个星期，你能有啥实质进展。这种新生事物最后的推动工作都是由专业的研究人员花费漫长的研究时间、投入大量的精力做出来的。除非你有条件，你能花费这么多的时间和精力吗？退一万步说，专业的人都没做出来的事，在校学生不建议碰，老老实实做一个成熟领域中的小创新选题，而不是在一个全新的领域中选题，你没有抓手。比如学法的人研究人工智能，太新而且还涉及跨学科内容，很难，文献也少。

第五种：理论性太强的选题不要做。

如果在本科生、硕士生以及部分博士生的论文选题中出现了自由主义、保守主义、哈耶克……除非他是专门从事法学理论研究的，否则我不建议他这么选题。太理论了，对理论深度和积累的要求太高，学生达不到。还不如老老实实做一个实际问题解决型的选题，对理论反思和积淀要求不那么高，在能力范围内可以驾驭，在驾驭的过程中还能领略到论文写作带来的思维培养方面的收获。那些抽象的、理论性太强的、看起来极具深度的选题，你接不住！我的一个学生选择了一个利益分析法学派视角下×××的研究，当时我的脑子就"嗡"地一下。我曾经暗示这个题目她写不了，但是几次下来我发现暗示没有用，就直接告诉她，这个可以写，但是前提是得懂利益分析法学派是啥。学生说我懂啊，然后告诉我利益分析法学派的概念。我说："你回去把你看过的利益分析法学派的书和文章整理出来文献列表,这表明你有分析工具和理论积淀。"学生回去了,然后没有音信了。我想了,如果她回来了,整理了文献列表,我就让她做文献综述。不过,我觉得可能没有如果。光是第一步就已经将她难倒了。

写论文其实也是需要自我认知的,上述论文选题其实都表明学生对自己没有准确的认知,也就是定位不准。咱得对咱自己是谁、能干啥事心里有数。当然,人都是一步一步成长的,我在年轻的时候也不靠谱,选题也很大,现在把这些心得分享出来,希望学生少走弯路。但是问题就在于有的孩子十头牛都拉不回来啊……

论文选题这事儿,我好像把学生的活儿给做了

爬树鱼

前几天,我和秋果同志关于论文选题这事儿进行了一场亲切友好的交流。

秋果:我今天刚跟我学生说,不要拿着一个题目就来问我能不能写!题目后面一点文献支持都没有,既没总结已有科研成果的进展和不足,也没发现这个问题为啥是个问题,直接拿着一个产生了"灵感"的题目就来问我这个题目有没有写的价值,这是不行的!你看,这个题目是……

我:嗯,我跟你说,你刚才说的这个题目不能写啊,因为,这个领域根本就没有啥国际私法规则可以探讨。在实践当中,其实是……

秋果:对,你说的都对。这些你知道,我知道,可是学生不知道啊。这些工作得是学生自己去完成,而不是你告诉他们!

——以上对话略有艺术加工,但是,秋果同志确实纠正了我作为新手导师的一个错误(还不知道是不是常见错误):学生拿题目过来,我做预判,这个题目究竟值不值得写;而不是学生像招投标那样向我论证,这个

题目值得写。毕竟，选题这个过程，其实也是学术训练。学生从发现一个"可能是题目的题目"到自行寻找文献去论证"这个题目真的是个题目，能写！"这个过程很可能耗时良久，甚至可能中途夭折。但是，这也是很正常的事啊！不信可以采访一下身边的青年教师，有哪个人没有兴冲冲选个题然后研究一圈发现不能写的经历呢？

当然，我知道，有的学生可能会说："可是，选题很累啊！要看那么多文献，看中了的题目还可能完全不能写。我要法考，要考公务员，要找工作，时间太紧张了！老师你反正都知道，告诉我一下不行吗？"时间紧不紧这事儿暂不讨论，毕竟这不是学术问题。不过，直接由导师预判题目这个要求可以类比为，在考场上直接问监考老师，这道题是选 B 还是选 C。写毕业论文从理论上讲也是考试，只不过，这个考试，它开卷。再说了，你老师知道这个题目能不能写，这个过程累不累呢？

所以，反思一下，作为新手导师，我有时候的确热心过度，把学生的活儿给做了。尽管如此，但我至少没有"一票到底"：学生选了题，不仅告诉他这个题目能写，而且把从哪些方向入手都告诉他……这种情形在我看来已经属于学术不端了。顺便讲个故事，在我不是特别长的指导学生论文的经历里，还真有一位神奇的学生，他对于论文写作的理解是"导师找好了资料等着他来写"。然后，这位学生被一众老师集体教育了一下……

综上，在以上亲切友好的交流过后，我决定撰文一篇以录之。一方面,提醒自己别啥活儿都替学生干了。另一方面,此文也可以留存起来,今后遇到学生选题,就推给我的学生们:轮到你们向我证明"这个题目能写"了!加油啊!

在我看来,其实绝大多数硕士论文开题都太早了!

爬树鱼

前几天,有个研究生三年级的学生跟我聊论文。

学生:老师,您觉得准备到啥程度才能动笔写论文?

我:"一眼看到头儿"的时候才能动笔。

学生:啥叫"一眼看到头儿"?

我:发现一个特异性问题,找到这个问题在法律上的原因,而且至少对"怎么解决"有个大致思路。

学生大惊:老师,那我去年开题的时候岂不是准备得很不充分!我刚刚想到"我想研究这个问题"就开题了!

我:其实,你们绝大多数的硕士论文开题,在我看来都不该开……

以上对话并非危言耸听。目前正在读博的或至少硕士论文开过题的同学可以回忆一下,你硕士论文开题的时候大致准备到什么程度了?这是一道单选题,选项如下:

A. 发现某问题是个热点,研究的人很多;读过20篇文献,知道学者们目前都在关注这个问题的哪些方面。然后开题。

B. 发现实践当中有个问题还没解决,将这个问题抽象成法律问题后开题。

C. 不知道自己想写啥,问导师。导师说"某某方向可以写论文",遂下载此领域20篇论文,读过后开题。

你选哪个?我见到比较多的情形是A,但也有极少数学生是C。选A的学生,至少知道这个"某问题"值得关注,且在一定程度上的确关注了。比如,某学生可能表示:"我国加入CPTPP这件事儿近年来讨论得很多,所以我想研究一下其中的国有企业/竞争/知识产权保护问题。"但选C的学生,很可能在从导师那里知道"某某方向"之前,甚至对此方向一无所知,下载了20篇论文,刚好达到扫盲的程度,然后,就开题啦。

那么,选B的呢?遇见过,真不多!举个例子,可能有的同学阅读了CPTPP"国有企业补贴"章节后发现:这东西和WTO补贴规则完全不一样!我要分析一下二者的区别!然后开题。这种情形,其实已经是论文开题当中比较先进的了。作者至少有个问题意识,知道哪个领域出了问题,而且是带着一颗解决问题的心来写论文的。

以上三种情形,准备得够不够?C选项不用说了,当然不够。开题时,老师们通常会发现这位学生基础不扎实,连自己未来想要论述个啥都不是很清楚,典型的开题答辩是这样的:

老师:你要研究什么问题?

学生:我要研究数字平台不正当竞争问题!

老师:不正当竞争的什么问题?比如,滥用市场支配地位的认定?相关市场的划分?

学生:不知道,没研究到呢!

问题意识篇

这样的答辩往往不通过。

A 选项呢？其实也不太够，但老师们一般会让这位学生通过。A 选项下的开题答辩往往是这样的：

老师：你要研究什么问题？

学生：我要研究数字平台不正当竞争问题！

老师：不正当竞争的什么问题？或者说，你是怎么发现问题的？

学生：我发现，学者们最近都在关注算法共谋问题。这是个热点！比如，某某在论文里写了……

老师：可以，那么建议你进一步发掘算法共谋在实践当中究竟出现了哪些问题。

学生：好的，好的，谢谢老师，老师再见！

至于 B 选项，其实在我看来是最接近"能开题"的，因为学生往往会直接在开题的时候说："我想写这个，是因为我发现阿里巴巴公司已经出现了二选一行为。这肯定不对劲！这应该是滥用市场支配地位！"但是，在开题阶段，我十分殷切地希望看到，能有学生走得更远，比如，他告诉我们这个问题有哪些处理方法，他认为怎么处理最佳。只不过，在我亲身经历的论文开题当中，绝大多数选择了 B 路径的学生，至多只能告诉我，他识别出了一个"滥用市场支配地位"的问题，但接下来，他一点思路都没有……

一文给你说明白啥叫问题意识，问题意识与问题的区别！

吉大秋果

> 问题意识与问题不一样！

写论文是为了解决问题，论文是议论文文体，需要遵循提出问题、分析问题和解决问题的写作逻辑。这些内容已经不用再重复了，很多网友、学生都已经很清楚。但是这里面有一个关键环节——什么是问题、什么又是问题意识大家还搞不清楚，而且问题是一篇论文的灵魂，没有这个东西，一篇文章就像穿在皇帝身上的新衣，是骗人。今天，我再结合自己多年评审论文的经验，给大家解释一下啥叫问题意识。

首先给大家普及一下写作上的两个概念：现象级别的问题和理论级别的问题。现象级别的问题就是问题意识，是指写作者写作的出发点是现实中存在的痛点、没有解决的麻烦。但这个时候的问题（现象级别的问题、问题意识）还停留在现象层面，还没有被理论检视过，也就是说没有被专家用理论识别过。普通人也能感受到这是个问题，但普通人和专家的区别就是普通人只能感觉到这是个痛点，至于这个痛点背后到底是什么问题，他们识别不出来，也就是无法从现象级别的问题上升为理论级别的问题。

理论级别的问题是指针对现象级别的问题，由相关专业的专家识别之后，被确定为某个理论方面的问题，这个理论级别的问题就是我们常说的论文写作的问题。所以，你至少现在能分清楚问题意识是指现象级别的问题，而问题是指将现象级别的问题上升为理论之后，变成了论文需要研究和解决的"专业"问题。举个生活中的例子，你牙疼，这是现象级别的问题，因为你并不知道这个牙疼是由什么问题引起的。于是你来到了口腔医院，牙科医生经过诊断发现是你的牙龈萎缩引起的。牙疼就是现象级别的问题，是问题意识；牙龈萎缩是理论级别的问题，是问题。

所谓的问题意识强调的是研究者或者写作者的写作出发点是现实中的点、麻烦，而不能是自己的主观想象，如医生治病必须是病人有了牙疼的症状。所谓的问题是指专业的人（论文写作是获得专业学位的必经之路）用自己的专业知识识别了现象级别的问题（痛点、问题意识）使之来到了理论级别的层面，然后用相关理论解决它。如果还是用上文牙疼的例子来解释，问题就是医生看过之后确定了牙疼这个现象背后的真正问题是牙龈萎缩，医生后续也会按照牙龈萎缩的治疗方法去治疗这位患者的牙疼。

所以，经过上文分析你就能够看出，问题意识要求写作者写作的出发点是现实中的痛点，而不能是自己的想象；问题是指写作者从现实中的痛点出发经过理论的提炼产生了一个理论问题（自己所在学科和专业的理论问题），然后用自己的专业知识把这个理论问题解决掉。问题意识强调写作者的写作活动必须有现实根源、接地气，问题则强调将问题意识转化为专业理论问题进行解决。问题意识、问题对于论文写作来说缺一不可。我们经常听人们提及这两个概念但又不加以区分，也不解释，搞得大家对问题以及问题意识都不太理解，现实中更是闹出了很多笑话。

再给大家举一个专业例子，有一个学生曾经写了一篇论文，标题是《离婚案件中一方证据不足问题的对策》。从严格意义上说，这是一个问题意识，即现象级别的问题，但"一方证据不足"背后的理论上的问题是什么？是举证责任设置不合理？程序设计有问题？还是什么其他的问题？

所以学生在写作时既要有问题意识，还要有能力将问题意识上升为理论级别的问题。

总之，问题意识是现象层面的，问题是理论层面的，就如前文的例子，牙疼是现象，牙龈萎缩是理论，这就是问题意识与问题的区别。

扒一扒论文开题被挂掉的 N 种理由

爬树鱼

到了一年当中硕士论文开题的时候,不出意料的是,每年开题都会挂掉若干学生,并顺带引发下一届学生对未知的恐慌:为什么论文开题会被挂掉?或者说,论文开题因为啥会被挂掉呢?本文解释一下。

(1)题目太大

也就是说,老师们估计这个题目3万字根本写不完,反而会"越写越多",写完3万字还想再写3万字。

那么,如何判断一个题目大不大?有个简单的法子:把论文大标题放到知网里搜搜,如果你发现有人写过这个标题的下位概念,且能够顺利地写成硕士论文,那么,这个题目就大。

举例:假如你想写"论个人信息保护的合法性基础",当你把这个题目输入知网,发现有一篇硕士论文写的是"论个人信息保护的合法性基础之——知情同意"(措辞当然不可能是这个,就是举个例子),那么,你的题目就是大的!

(2)题目太老

简单地讲,就是"这个题目没啥好研究的",所有问题都已经被前面的人研究透彻了。

那么,咋判断自己的题目老不老?也有个省事儿的法子,继续去知网逛逛,找几篇同题目的硕士论文看看。如果发现你想写的所有东西都在前一年甚至前几年被别的硕士生写完了,那赶紧换题目。

PS:如果你有了新资料,那么可以老题新作!这不算"题目老"。

(3)你的研究长得像教科书

举个例子,假设你的选题是"论仲裁裁决的承认与执行",开题报告里的三个子标题分别是"仲裁裁决承认与执行的意义""仲裁裁决承认与执行的方法""仲裁裁决承认与执行的法律标准"。这个题目很显然不行。

(4)你的研究实在太空了

再举个例子,论文选题:"论我国数据出境标准合同的设计",题目没啥毛病,但如果写成这样:

一、标准合同的定义

二、我国数据出境标准合同设计的现状

(一)立法现状

(二)司法现状

（三）执法现状

三、我国数据出境标准合同设计的障碍

（一）立法障碍

（二）司法障碍

（三）执法障碍

四、我国数据出境标准合同的完善

（一）立法完善

（二）司法完善

（三）执法完善

这个提纲咋样？打个比方，假如一个签到表上所有的签名都是齐齐整整的，那么这个表肯定是伪造的……同理，如果一篇论文的提纲真的能这么齐整，那只能说明这其实是作者坐在那里拍拍脑袋想出来的提纲。这个提纲既不具有可操作性，也不具有文献基础。

（5）你的论文时效性太强

正如某个笑话所言，某学生开题"TPP与美国国内法的互动"，然而开题后不久，美国宣布退出TPP了！简单地说，如果一个选题有赖于未来发展，哪怕是你的导师都看不清这个选题的未来动向，那么，这个题目千万别写！它很可能会在未来给你"惊喜"。

学术最大的问题：研究是解决问题，不是你想干啥就干啥

吉大秋果

> 你想做的不是研究，只是一时兴起！

某老师找我看份申请书，让我帮忙把关或者提点意见。按照惯例，我还是问该研究要解决的问题是什么，因为研究之所以是研究，就是解决了以往不曾解决，或者解决方案不好的问题。没有问题，就没有研究。该老师告诉我，要研究16世纪的A和B的关系，要解决这个问题。老实说，我最害怕这种回答，这通常意味着作者没有问题意识。

A和B的关系怎么能是问题呢？从研究的角度看，A和B的关系是问题的答案，也就是说A和B的关系应该是你对问题提出的解决方案。你之所以要研究A和B的关系，是因为你要解决一个问题，但这个问题是什么呢？作者自己也不知道，并执意说这个意义非凡。笑话，意义非凡不是你说的，而是由问题决定的，解决的问题决定你研究的价值。

这是一个学术常态，很多人研究什么并不是从问题出发的，他想研究A和B的关系，他就开始研究A和B

的关系,他想研究 C 和 D 的关系,他就开始研究 C 和 D 的关系,从来不问自己研究这些关系是为了啥？当你问他们研究这些关系的目的的时候,他还会言之凿凿地说,对今天有借鉴意义啊。什么借鉴意义？我们不能笼统地说有什么意义,这样对于研究来讲是没有意义的,因为理论上拿古代的任何东西过来都可以宣称有借鉴意义——具体化它,能具体化并且能从学术的角度具体化才有意义。

这本质上就是当今学术的一个缩影,生产出大量的论文,搞了大量的研究,做了大量的项目,但是解决啥问题？该卡脖子的还卡着,结构性矛盾还继续矛盾着。你可以上某期刊网上去看,没有任何一个社会问题、研究问题没有对应的文章,甚至有好多文章,但是解决问题吗？不解决,矛盾还在。那是什么原因导致了学术的非理性繁荣？

是对学术的错误理解。高校的某些老师或学生,可能是脱离社会太久了,根本不知道自己要做的事情对社会发展有什么益处,反正码出来的字放在那里就是成果,他们不关心能不能转化成社会发展的动力。大家都是"心想事成",自己心里就是这么想的,就这么做,至于跟社会衔不衔接,落不落地,这个是社会的事,我就负责我这段儿。这个有点像那个笑话——一个病人胳膊上中箭来看病,医生就把外面露着的部分剪掉,然后告诉病人好了。病人说箭头还在里面呢,医生说那不归我管,我是外科,里面的是内科的事。

我把这种现象叫作学术任性,只关心自己想做啥,而且这种想做的东西纯粹出于一时兴起。把自己想做的东西跟社会的需求结合起来,才能保证自己的研究是真正的研究,不是海市蜃楼,能够解决实际的问题。

文献使用篇

我为什么让你从最新的文献读起?

爬树鱼

本文讨论一个技术问题:当你手里有了一堆文献,按什么顺序读?

有的学生会告诉我:老师,我想按照年代读,从最早的往最新的读!

我:为啥?

这位学生会对我说:因为我想要了解学术史啊,中学历史不都是从夏商周往元明清学吗?

法制史不是我的专业,法制史的文献阅读方式咱们先不谈。只从国际法这个专业来讲,我建议你从最新的开始读。

为啥?

其一,这个学科变革超快的!某些问题两年前值得讨论,两年后就过时了。举个例子,你想要研究美国对TPP 的影响吗?如果从旧文献往新文献看,很容易被带偏重点。有经验的老师会自动规避旧文献当中的大坑,但新人们往往没有这个鉴别能力。

其二,哪怕某个问题不过时,国际法当中"前后相继"的问题特别多。拿我自己研究的 WTO 法而言,2019年年初某裁决当中首次出现的法律争议,2020 年年初很可能就在后续的裁决中给出了很完美的结论。这个问题还真没过时,但是,当你看完2019年那份400页的裁决后,你很可能在看到2020年裁决时想要吐血。因为,这个2020年裁决很可能体贴又善良地用4页纸给你概括一遍旧裁决,还贴心地告诉你:我现在讨论的这个问题,是2019年裁决的第7.39段,你回去看一下就行啦……

其三,对于学者著述类文献而言,看最新版文献,往往能帮你快速抓住学术脉络。一篇好论文,绝对不可能闭门造车,它一定会在开头给你回顾一下这个问题的发展史!哪怕正文不回顾,脚注里也会回顾。所以,可以按图索骥。如果你担心这个作者观点偏颇,可以多看几篇时间差不多的文献。偏听则暗但兼听则明。几篇文献都引用了的文献很显然就是重点文献,读之!

当然,这种揪着最新版文献先睹为快的读法,有缺点吗?当然有!最大的缺点就是对新人不太友好,基础信息和前沿信息混在一起,信息量过大。不过,话又说回来,抓着一篇好论文逐个问题击破,总比抓着一堆论文东一榔头西一棒槌研究快多了,是吧?

你为什么需要穷尽中文文献？

爬树鱼

相信不止一个博士生在开始学习写论文时，会被导师要求"你至少要穷尽中文文献"。英文文献穷尽不了，这没办法，条件不允许；但说到穷尽中文文献，就有同学开始抱怨了："老师，我做不到啊！文献太多太多太多了！"

我想说："如果你真的穷尽不了中文文献，我觉得，你这篇文章其实也没有写的价值。"

其一，从选题角度来讲，如果一个题目有太多太多多到看不过来的文献，那么，我有充分的理由怀疑，你这个题目选大了。不信，你以2010—2020年为时间条件，去知网搜一下"诚实信用原则"，看看文献到底有多少篇，这题目你敢写吗？

其二，除开选题适当性不谈，先假设穷尽不了中文文献的原因是"文献没那么多，可是我懒，不想看完，想直接上手写论文"这种情况，你真敢上手？就不怕写完的论文其实和某篇你懒得看的论文大体相同？编辑可不会管究竟是不是暗合，只会不假思索地拒稿。

说实在的，我自己动笔写论文之前，会去知网用各种关键词变着花样搜索一下相关文献。这其实是为了"排雷"——下笔之前,最后保证一次,我要写的东西没人写过,跟我用同样资料的人和我不是同一观点,和我同一观点的人没使用我手里的资料……下笔时踩到地雷,总比写完后和名家撞车强多了!

其三,穷尽中文文献,至少还可以保证你手中的一手资料的完整性。这句话主要是针对下面这种情形:论文的主要支撑材料是英文一手资料,而中文文献至多是二手资料。在这种情况下,穷尽中文文献当然有上面原因二的考量,但还有一个重要原因:用中文文献作为旁证,以保障英文一手资料的完整性——这份英文资料,我的理解是正确的,我没有漏掉与之相关的其他资料,我没有因为法律背景差异而忽略掉某些问题。

当然,所谓的穷尽中文文献,也不是让你从1980年开始"穷尽"。法制史类的论文或许需要多追溯几年,如国际法这样变化超快的学科,很可能是从某一标志性事件发生之日起开始穷尽文献,至多向前追溯几年"预测性文献"也就够了。

最后回答一个问题:穷尽中文文献,真的那么难吗?不见得。读第一篇论文可能需要3天(此处存在夸张),但读10篇论文绝对不需要30天。当你啃了几篇论文过后就会欣喜地发现:啊,这个案子我看过;啊,这个观点不是和某某相同吗?这就好比放风筝,放的时候可能需要猛跑一阵,但一旦风筝飞上天,就只需要拉着绳子抬头看就行啦。

你文献读得不是太少,是太多了!

爬树鱼

你身边有没有这么一类人?每天特别勤奋,都不止996了,恨不得007泡在图书馆。每日手不释卷刻苦攻读,电脑里一学期攒下来300多篇文献——还都是读过的。一问这学期读过几本书,人家能列出来好几十个书名……这种学生往往有两个极端:一种是真的才高八斗,论文源源不断,我们通常称之为学神。另一种,勤奋程度不低于学神,但就是不出活儿,书看得不少但就是啥也写不出来。而且,对于这种学生,导师们往往还小心翼翼,不敢训斥不敢批评,生怕这位原本就很委屈的学生再受点打击于是一蹶不振……

对于这种学生,我的建议往往是:停下来,咱不急。读书的事慢慢做。先把质量搞上去,先别追求数量。

抛开真学神不谈,读书数量超大但就是没有产出的学生,往往会包括如下几种情况:

第一,读书的面太广。这种学生往往对"博士"一词进行字面理解,以为博士真就要有广博的知识。于是,考上博之后,就开始博览群书,从柏拉图读到罗尔斯,从《江村经济》读到《谁动了我的奶酪》……问题是,这位学生还是中法史专业的!哪本书都不能说是完全无关,但,就是对写论文没帮助。

书都是好书,但读了未必能立马写出论文。

第二,读的书太难,纯粹就是和自己过不去。读书固然不能停留在自己的舒适区,比如天天抱着教科书看。这种普及基础知识的书看一遍也就够了。但是,专门挑自己啥都看不明白的书去啃,往往看一页会忘两页。我举个例子,请大家阅读下面这段:

The social contract theory, though explicitly rejected by Hume and Bentham, many liberal theorists continue to emphasise it either in terms of consent theory or, as in Rawls's theory of justice, as something close to traditional notions of social contract.

(LLoyd's Introduction to Jurisprudence, 2014)

下面请回答:

social contract theory 是啥?谁提出的?

Hume 和 Bentham 都是谁?这两人为啥反对前面这个理论?

consent theory 是什么?

Rawls's theory of justice 是指什么?这东西和 social contract theory 有啥关联?

以上问题,如果你每个都敢说"我大致知道咋回事,但没法完整表述出来",好,这本书可以读。

如果你拍着胸脯说:"我研一就懂!"好,这本书你读一遍就行。显然对你而言过于简单。

如果你看得一头雾水,每个单词都认识但就是不知道是咋回事儿,那么,这本书显然对你太难。

如果你完全理解不了这个句子说的是啥……那么,你可能不适合一上来就读英文版的。

除以上两种情形外,其实还有第三种情形:孔夫子说的,"学而不思",即天天闷着头啃书,从不思考:几篇题材类似的论文,观点究竟是相同还是相反?案例材料的运用有没有你不赞同的地方?文章里讲没讲最新动态?文章创新性究竟体现在哪儿……这不是读书,是扫描书。

以上三种情形,只要摊上一种,保证事倍功半。至于究竟怎么判断自己属于哪种情形?首先,先看看自己读书效率咋样,是不是读了书就能写出来论文。效率高的话就完全可以排除第一、第三种情形。其次,让你导师帮着把把关。拎着近期书单问问导师,老师您看我最近看这些书有问题吗?最后,如果还是不知道自己读书读对了没,可以找张纸,把最近读的书大致画个提纲。如果根本画不出提纲或者提纲看了就闹心,那你自己就知道是怎么回事啦。

脚注和参考文献,究竟有啥区别?

爬树鱼

——此问题同样来源于某学生在公众号帖子下的留言。在特定场合下,其实并不必然对脚注和参考文献作区分。毕竟,有的杂志统一要求"页下注"或"文尾注",就没明确做个区分。真要区分,二者的区别实在太明显,窗户纸一捅就破,可能有的学生就差那么一"捅"啦。具体情况是:

(1)资料性的,一概是脚注。

例一:根据《WTO 规则》,倾销是指……

(脚注:《反倾销协定》第1.1条。)

例二:此问题在投资争议解决实践当中仅有的一起案例,是……

这起"案例",绝对是脚注,不是参考文献。

(2)观点的来源,一概是参考文献。

例:个人信息保护与隐私权保护的分离,有利于民法的社会化。

此处,应当加的是参考文献,因为是这个"观点"的来源。

(3)从别人论文中转引的东西,通常是脚注。

例:此问题在投资争议解决实践当中仅有的一起案

例,是摩托罗拉公司诉美国案。——如果这句话不是作者自己的统计,而是从某论文当中引用的,那这篇论文应该放脚注里,同时标明"转引自……"

转引这事儿,基本是导师深恶痛绝的。如果有一手资料可用,千万别转引!除非资料实在太难找(比如是俄语案例,你根本看不懂),或者这资料本身是个统计结果(如,对1135例民事诉讼的研究表明……)。

(4)体现一种学术争论或者学术趋势的文献,一般是脚注。

例:此领域体现为"三要件说"与"四要件说"之争。

"三要件说"后面应有脚注,脚注应包含五六篇典型文献。"四要件说"后面也应有脚注。

理论上讲,这也是对"观点"的阐述。不过,此处是将"观点"作为一个事实。对此,如果实在分不清,可以粗略地记为:如果一个注释里必须放十个八个文献,那么,这一定是脚注而非参考文献。

(5)最后,注意一件事儿:小论文和硕博论文,参考文献的写法是不同的!小论文里的参考文献,一定是"实引",即每个参考文献都必须能对应上论文的特定之处。而硕博论文当中的参考文献则不一定如此,完全可以包括"我看过,但没直接引用"的东西。

连资料都找不到,还写啥国际法论文?

爬树鱼

我读博的时候,曾经有那么一个同学,非常看不起国际法研究,他的观点是:国际法不就是把外国资料翻译整理一下然后介绍到中国吗?换我我也会!——这位同学的观点当然不对,毕竟一个学科的存在总有它的价值。国际法学被放在法学院而不是外语学院,也足以表示其法律色彩不次于其他法律学科。但是,这位同学还真说对了一个事实:国际法研究虽然不仅仅是"搜集整理外国资料",但一定建立在搜集整理外国资料的基础之上。这句话其实有两层含义:

其一,搜集整理的对象是"外国资料"。换句话讲,是"一手资料"。新鲜出炉的判决、立法、行政法规原文,而不是被学者翻译过来的二手资料。我曾经对研究生们讲过,一个资料,当你看到的是它的翻译版时,这个资料往往就已经丧失了国际法研究的时效性。这句话当然不绝对,比如国际公法上的"荷花案"和国际经济法上的"虾和海龟案",都过去多少年了仍然赫赫有名。但是,一个消极等待二手资料的人,注定赶不上研究热点,这是不争的事实。

其二,对外国资料需要"搜集整理"。资料是不会从天上掉下来的。最简单的情况是拿到一个案子的名称,你可以去网上搜全文。稍微复杂一点的情况,是案件或者裁决虽然是公开的,但你得熟门熟路地去美国贸易代表办公室网站把那个案子给搜出来。举个例子,2020年美国对韩国钢材反倾销案,你知道去哪儿找吗?最复杂的情况,是这东西你不确定它公开不公开,仅能从其他学者的著述或者新闻当中判断出它可能是公开的(不然别人怎么拿到原文的……)。但不管是哪种情况,能凭本事找到资料也是一种研究必备素养!

因此,从一个国际法专业教师的视角,我特别害怕遇到这样的学生:"老师,这个案子居然判决了?我都不知道哎!老师,这个案子的判决去哪儿找?我找不着啊!老师,这个案子的判决是英文的,我看不懂!"

所以,反过来讲,作为一名有志于从事国际法学习与研究的学生,我认为,你至少在资料搜集与整理方面,应当具有如下特质:

其一,时事敏感度。至少在你打算研究的那个小领域,对于最新进展的把握不能滞后一个月以上。举个例子,著名的美欧"隐私盾"案,是当地时间7月16日判决的。如果某位以数据法为研究方向的学生8月16日还不知道这案子居然判了……这个要求其实不高,未必所有的动态都需要扒拉出来原文看个清楚,大概知道咋回事儿就行,以免自己的研究落后于时事而贻笑大方。

其二,找资料水准。这还真不是考查百度使用熟练度,更大程度是考查你对所研究方向的若干主要国家政府网站、法院网站、主要国际组织网站……的熟练程度。

其三,英语水平。能正确拼写所需关键词只是基础,能看判决是入门级,最难的是能流利阅读法条,尤其是一张A4纸只有一个法条的那种超级大法。那还真不是单词量大就能读明白的!

以上能力能练出来吗?当然能,尽管上述三点特质的难度是依次递增的。英语水平这事儿咱不说了,网上有许多的帖子讲怎么提升。时事敏感度最好办,关注几个本学科著名公众号就可以。你导师关注什么你就关注什么,这样还能保证和导师步调一致,不至于被问了还一头雾水。找资料其实也是熟能生巧,诸如美国商务部之类的网站多翻几次就行。当然,一定记住收藏网址,别每次都老老实实地去搜那个网站。

论文引证，
真不是用来彰显你读书多

爬树鱼

（1）一个关于化妆的小 tip

我本科的时候，班里有位韩国留学生小姐姐。和你在韩剧或综艺节目里看到的韩国小姐姐一样，这位小姐姐精致、会打扮，妆容得体会穿搭。大四的时候，我请小姐姐教我化妆。不过，让我失望的是，她拒绝教我电影海报上那种大烟熏妆。她有一句话让我一直记到现在：化妆的目的，是让人看不出来你化了妆，而不是让人一看就知道你化妆了。

很对不起小姐姐的是，我在化妆这方面属于典型的"眼睛学会了手没学会"。不过，她那句经典语录，我在

另一个语境之下突然体会到其哲理性了。

（2）"让人一看就知道化妆了"的论文引证长啥样？

某次，我给一位一看就知道认真读了书的学生改论文，其神作让我叹为观止，风格大概是这样的："主权"一词，最早出现于博丹的《主权六书》。在格劳秀斯的《战争与和平法》当中……在吉尔平的某某论述当中……在米尔斯海默的某某著作当中……（此处省略一千字）综上，美国对中国某企业的制裁行为干涉了中国主权（此处未删减，就这一句）。

我：……

说实话，以上论述连我都写不出来，这位学生的国际政治与国际法的功底让我叹为观止。可是，用在论文里面，效果就极其类似于我原本不会化妆，但还是要给自己画个超浓烟熏妆外加烈焰红唇，除了吓哭我家三岁大的小朋友，功能就只有向别人彰显"看，我化妆了"，对于提升我的美貌度或精神度无任何帮助。

为啥这么说？正如大烟熏妆并没有服务于"让我的小眼睛变成丹凤眼"这一目标，上面这段论述里，各种引证也完全没有服务于"美国的制裁行为干涉中国主权"这个论断。《主权六书》和美国的制裁行为究竟有啥关联？格劳秀斯的论述又如何影响了现代国际法？一句都不论述，难道是想等着这些古人开口讲话吗？这种不加关联的堆砌资料，一个字，就是"装"。中国有句古话：穿上龙袍也不像太子。论文里提及大量重量级学者，也并不会自动让你的论文显得厚重。还记不记得某年用甲骨文写高考作文的那位？还有2020年那篇饱受争议的《生活在树上》?

(3)那么,到底应该如何引证?

当然,我知道,上面这么说的确不太客气,可能也有学生觉得很委屈:老师,我没装!我真就觉得《主权六书》和美国的制裁行为之间的关系是不言自明的!小学生都知道它们之间是啥关联!——这种委屈,我理解。正如有的学生在论文里喜欢堆砌自己都半生不熟的概念和引证,也有的学生是真的学识渊博,感觉自己说的的确是没必要去详细论证的常识。但是,我在此还得再给你讲个故事:每一个博士刚毕业的新老师,都会被老教师告诫:"你的课,不要讲得太难。你认为不言自明的东西,你的学生得听你从基本法条开始一个要件一个要件去推理。"同理,你觉得不言自明的东西,你也得把逻辑推理写明白。举个例子,在博丹的《主权六书》当中,曾对主权的特性进行了如下描述……此特性在格劳秀斯的某某著作当中被界定为……而在"二战"后,吉尔平与米尔斯海默虽然承认该特性的存在,但认为其表现形式发生了一定变化……但不论如何,美国对中国企业实施制裁的行为,即便在最传统的主权概念当中……在"二战"以后,虽然主权随着经济全球化现象在一定程度上被削弱,但仍然无法为美国的行为提供合法性依据。

总之,你得写出来。你不写,谁知道你学富五车呢?

PS:以上关于国家主权的论述均属虚构,请大家千万莫要细究。

论我为什么看不懂大神的文章

爬树鱼

诸位正在努力成为学术大神的科研新人们,是否都有过这样的感受?一篇神作放在你面前,可你就是看!不!懂!作者是众所周知的牛人,不可能生产出学术水货;杂志是业内好口碑杂志,论文题材也是常见题材,不是《论马达加斯加民法与哥斯达黎加民法的异同》这种神题……那么,看不懂论文的朋友应该就开始闹心了。凡事必有原因,如果原因不在于论文,肯定在于我……

其实,以上这种现象,我也一直困惑来着,因为我看不懂的论文也有很多。不过,最近,我突然跟某论文作者展开了一次有意思的对话,在很大程度上解决了我的困惑。

(背景:某高人发表了一篇论文,杂志很牛,题材很常见,我就是看不懂。)

我:某某教授,请问您这篇论文的创新究竟在哪儿啊?

作者:其实创新也不多,就是把某某原则的适用,从A领域拓展到了B领域……

我:啥?这个某某原则从来没被适用到过B领域吗?

作者:你说适用过,你给我举个例子?

我:……好吧,我举不出。

作者:以及把这个问题的研究拓展到了新一代规则的制定。

我:(新一代规则到底是啥?和旧规则有啥区别?)

综上,我能看得懂此论文好在哪儿,才怪!打个粗略的比方,此论文题目为《论某某蘑菇新品种的培育的重要意义》。而我的知识水准约等于"哦,这是蘑菇!"

从这一意义上讲,我估计,哪怕是宗师级别的教授,应该也会表示《中国社会科学》的某些文章自己看不懂。原因一:隔行如隔山。原因二:就算是同一个二级学科,该教授也完全可能不知道下面的三级学科当中某一分支的最新进展。而论文这东西又不是著作,寥寥万字,写的不就是最新进展嘛……再加上有的作者过于谦虚,没在论文开头扯着嗓子嚷嚷:本文开创性地将某原则适用于某领域,以及提出了某革命性的观点……于是,这篇论文就很容易"看不懂"。或者说,每个字都认识,但就是无法欣赏它的好处。

那么,如果你真的拿到了一篇"应该很好但就是看不懂"的文章,怎么办?千万别去猜好在哪儿。你猜出来的

"好处",约等于"表扬美国人的英语讲得很流利"。如果能找到懂行的人请教一番那当然最好,但如果实在找不到人请教,可千万别妄自揣摩此文好在哪里,然后顺着猜出来的好处去模仿。比起让人搞不懂的论文,我更建议你去看那种"啊,原来如此,我怎么没想到!"的论文。从这种论文里,至少学到的东西是实打实的。

叫你看一手资料，真不是让你上来就啃一手资料！

爬树鱼

前文谈过国际法学科当中一手资料的重要性。其实倒不仅仅是国际法，任何法学二级学科应该都是这样，只不过对于涉外或者比较法研究的学科，看资料原文尤为重要。而且，我严重怀疑，英美大法官们都是按照判决书字数拿稿费的，因为，判决，那叫一个长……据说南海仲裁案判决书加起来五百来页，一包打印纸都不够用；WTO法的相关判决短一点，两三百页是常规操作。所以，一说看一手资料，某些勤快的小朋友就真的拿出愚公移山的精神去啃了！我一天哪怕看10页，20天下来总能看完一个案子吧？

说实在的,我真不赞同这种精神可嘉的做法。因为,我自己就不是这么干的。拿到一个案子,我从来就没有从第一页开始一页一页读完过。(当然,两三页或者十页八页的短篇除外,这种反正也不费啥事儿。)我通常的做法是:先去看高质量的二手资料,比如,对此进行介绍的帖子或者 summary。举个例子,WTO 每个案子其实都有官方 summary,或者看可靠的专业媒体进行的报道或诸如金杜等大律所写的 newsletter 也可以。

为啥这么看?抓重点啊!两三百页的东西,一页一页读,得读到猴年马月去。我总得知道一下,这个案子大概有几个争议焦点,这个问题的主要观点是啥,各方有啥不同看法,此案有啥后续影响……然后,带着初步的印象,提纲挈领地去读,事半功倍。

当然,肯定有学生会质疑我:你不是说过不要去读二手资料吗?咋,别人的介绍帖子就不是二手资料了?

当然是。但是,这个"读二手资料"也得看咋读。把人家的译评奉为圭臬,写文章直接引用,那是懒虫的做法。但借助别人的描述了解个梗概,然后自己再去读一手资料,是借力。"站在巨人的肩膀上"这句话,都听过吧?当然,就算看了别人的简介,自己读的时候也得长个心眼儿,时时刻刻都得注意,这问题究竟是不是这家伙说的这样?他的理解偏颇不?全面吗?这个过程,其实是与你看到的二手资料作者对话的过程。

最后强调一句,借二手资料了解梗概,这个二手资料你可得选好了。通常来讲,官方 summary 最权威,不会错,但很可能丢东西;尤其是由外国人概括的案例,完全有可能漏掉对中国人而言相当重要的问题。大律所的newsletter权威性差一点,但时效性和准确性一般都不差,尤其是外资律所在中国用中文做的新闻速递,往往资料相当翔实且有中国视角。但是,律师比较看重实务(换句话讲,看重"这个动态能给我带来什么业务"),律所的newsletter可能不会有《法学研究》那么高的学术价值。著名法学家公众号的文章则学术性较强,但需注意学者对此的评述八成具有浓厚的个人色彩。除以上三者外,其他资料不是不能参考,但请尤其注意一些非专业性的新闻报道和别有用心的自媒体的危言耸听(例如一切题为"震惊!美国又通过某某法规……"或"是中国人都要看!华为恐将……"的帖子)。

啥叫文献综述？文献综述咋写？

吉大秋果

给大家举几个文献综述做得好的"例子"！

总有学生问文献综述怎么做，之前我也写过一篇文章《文献综述都做错了，还怎么能做出来博士论文?》，但是不少学生还是不太明白，似懂非懂。这个问题不要着急，我的书《批判性思维与写作》里面有非常详细的讲解。

但是今天，我发现了一个绝好的例子，让大家从感官上了解啥叫文献综述。有点搞笑成分，不严肃，但是大家可以领会精神。

总裁文的写作套路：

十个总裁九个胃病，八个烟草味，七个不能接受除女主以外的人，六个洁癖，五个失眠，三个残废，遇到女主之后全好了。他们四个姓顾，三个姓沈，两个姓傅，一个姓陆。一定有个做医生的哥们儿经常嚷嚷大半夜的还让不让睡觉了，还有管家那句"好久没看见少爷笑了"。

这就是一个小型的文献综述，围绕的主题是总裁都是啥样的，有病、有洁癖、感情专一，连姓氏都差不多，主要的周围人物有哥哥和管家。这就是对总裁身份的小型综述。这一定是看了很多总裁文之后对总裁这一形象的提炼、总结和概括。文献综述也是这样,一定是你看了很多"同一类型"的文献(我们叫作主题文献阅读)之后,对某个主题进行的归纳概括、总结提炼。道理是一样的,精神自己领会!

上文是对总裁个人的肖像描写,接下来是对总裁文剧情进行的总结,一共有三种范式。

(1)第一种:日久生情型。

(2)第二种:久别重逢型。这种也是一大类型,可分为几个分支,男女主多数是因为误会而导致分开,且这个误会多数还是因为外部因素。

(3)第三种:相爱相杀型。这种类型常见于复仇文,各种复仇、重生复仇、复仇总裁文……

这个例子是很好的,体现在如下几个方面:

(1)主题清晰,主要就是对剧情的模式套路进行总结。我们有些学生写的文献综述特别散,没有主题,或者主题分散。

(2)总结到位带立场,如久别重逢型、相爱相杀型等。我们有很多学生写东西都是描述型的,比如美国的研究状况,这样的总结看不出立场。

(3)三种类型在一个逻辑层次上,没有逻辑跳跃。

简单分析这些,大家领会精神。

科普帖：啥样的文献要看最新的？

爬树鱼

"看新文献"，相信是每个学术新人在刚进入科研领域时都被导师耳提面命过。但总有小朋友对此表示不明白，那本文来科普下，啥样的文献得看新的，啥样的文献必须看旧的？

其一，最新进展看新的，原始资料看旧的。讲个笑话，我曾说自己最羡慕中法史老师，因为他们备一次课可以讲一辈子，《唐律疏议》总不可能突然修订一下。但是，最新研究成果或者最新解读仍然会出现。同理，哪怕是对于"自然法""正义"等古老概念的解读，也完全可能更新。因此，基础资料当然看旧的，但请务必实时跟踪最新研究动向。

其二，不新不旧的文献看啥？看思路！上文中那两种情形好理解，但总有一些文献，是几十年前的研究成果，引用率超高的那种。说它旧，还没那么旧；要说新，当然也不新。这种咋办？通常来说，这种文献主要看它的说理路径，即思路。具体论据或许已经旧了，但作者入手的角度完全可以继续借鉴。举个例子，研究过法经济学的同学八成都会理解，那个领域真正优秀的好文章往往都比你的年纪大。但是，人家的思路今天还是可以借鉴！

其三，拿不准怎么办？找你导师去。各个学科或许对新和旧、对经典的界定不一样，没法一概而论。你要是真的拿不准，去知网上看几篇你导师发表的论文，瞅瞅他的引证一般是怎么做的，某个问题通常引用哪种文献。这不就齐活儿啦？

科普帖：别人的论文怎么带你飞？

爬树鱼

"老师，我这星期读了好多论文！"

"好啊，有什么收获？"

"我觉得我可以不用写了，大家都写得好好哦！"

以上对话纯属虚构，但至少能反映出很多刚进入科研领域的新人的一个困惑。学生兴冲冲地去和自己导师讨论"刚刚发现的一个好选题"的时候，往往会被导师打发去看论文。然后，看完论文，学生往往就泄气了。当然，导师们的初衷必然不可能是对自己的学生实行挫折教育，至少我自己想到一个题目后，第一反应也是先去看文献。那么，"看文献"之后，如何实现不被别人的论文打倒,反倒能被别人的文献带着飞?

对此,我们首先要解决一个问题:看文献,看啥?必然不是"看看这个题目有没有人写过"——因为,八成会有。真正完全没人写过的题目,我也不建议硕士生或者低年级博士生去写。那么,别人写过,你还能不能写?能啊!这时,我们看文献,其实是带着问题去看的:对于我提出的那个题目,别人是怎么论述的?我认为应该解决的问题,别人是否已经完美解决了?他们的解决方案,在我看来是否是有缺陷的?我还应该如何去完善?

"基于问题的读论文方式"在自然科学研究中比较常见,但法学学科也同样适用。对,我说的就是法学类论文,不是自然科学类。自然科学类会出现"如何让带状疱疹病人早日康复"这种题目,而法学类也会啊!不论是"我国要不要加入CPTPP",还是"我国应该如何解决APP非法收集个人信息问题",这些选题本质上都是一个问题。而有问题,就必然有答案。所以,当你提出了一个问题时,你就要去分析别人的解决过程,并在此基础上,提出自己更高超的见解。这,也就是一个"站在巨人肩膀上"的过程。套用秋果出版的《批判性思维与写作》这本书的书名,这应该也算是一种"批判性思维"吧?

那么,为啥有的学生会一看到别人的论文自己就泄气了?原因有二:

其一,学生其实对"问题"的理解还不深入。小朋友发现的固然是个问题,但这个问题本身过于模糊。举个例子,"我国要不要加入CPTPP"是个问题,但如果仅仅停留在这个层面,就很可能被论文作者的观点带跑了,作者说啥都觉得是对的。但如果你提出的问题是有自己的思考呢？例如，提出"我国加入 CPTPP 是否会导致电子商务领域过度开放？"这个问题，就完全有可能在阅读"CPTPP 电子商务规则评析"这类论文时，用一种批判的眼光去阅读。

其二，学生的知识底蕴过于单薄。这种现象往往出现在刚刚进入某一领域的低年级小朋友身上。如果读一篇论文时发现到处都是新知识，那么哪还有能力提出批判性观点呢？这种情况其实倒也不难改变，通常来讲，读十篇八篇此领域最顶级刊物的相关论文，再把基础概念问题扫清，你就完全可以从论文与论文间的差异出发，对此种差异进行批判性分析，进而写出有创新性的论文。

研究生：有些书你看不了，至少你现在看不了！

吉大秋果

做人，做学问，最主要还是得知道自己是谁！

我是搞批判性思维研究的，经常会有一些学生跟我探讨一些关于逻辑、论证方面的问题。有一天，一个学生拿着一本《小逻辑》过来问我问题。这可是黑格尔的书啊，被称为小天书，对读者的要求非常高。我的书架上有很多经典的著作，我一直都没有心力去阅读，比如《瓦尔登湖》，比如《忏悔录》，我一直觉得我的心境不到位，没准备好读它们。我简单地问了这名学生,我说你对形式逻辑熟悉吗?他说并不太熟悉。我说我推荐你看看形式逻辑的基本著作,虽然很基础但是很经典。在这基础之上,你若学有余力可以看看《小逻辑》,因为它是对形式逻辑进行批判的。

我在日常指导学生的过程中,经常能够发现很多学生以读很厚、很大的大部头书籍为荣。能读下来是好的,但是很多书的内容是偏难的,在内容上是有衔接度的,你需要先把基础的东西看完,可能才能读懂大部头书籍。由于我家大宝的语文大阅读做得还算好,很多家长就总问我孩子阅读的问题。很多问题都是孩子到了三四年级写作文不行,究其原因就是阅读不到位。给他相应的读物,孩子也是拒绝的。为什么?原因就是孩子的阅读是一个过程培养,需要先阅读比较简单的、篇幅小的,甚至还要带图片的书。后来再慢慢过渡到没有图片、篇幅稍微长一点的。再过渡到中篇、长篇,最后可以阅读长篇连载。内容深度也是一样的,从简单到难,不能一下子就到难度系数比较高的层面上阅读,那会让人崩溃的。如果一开始的较为简单、篇幅较短的阅读训练没有完成,直接过渡到长篇连载,孩子是没有能力完成的。即便勉强完成,效果也不好。

按理说这个道理不难懂,但是在研究生,尤其是博士生为了写论文进行大量阅读的环节还会出现舍易求难的情况。挑战自己的决心和信心是值得褒奖的,但是论文写作和阅读是有方法和规律的,必须先把基础的东西学会弄通。尤其是跨专业考博、考研的学生,你需要先把基本的概念、理论和体系弄清楚,不要一上来就看专业文献以及专著,这样做的效果不一定好。

写这篇文章的目的不是反对阅读经典,只是希望学生能够遵循学习的规律和阅读的规律,从基础类的经典读起,自然过渡到深度较深、难度较大、比较有挑战性的大部头阅读上来。任何违反这种规律的学习都不会有太好的结果。

遇到和我观点不一致的资料，可以假装不存在吗？

爬树鱼

"老师，我列好了提纲正在往里面填资料，可是我突然发现资料证明不了我原来预想的结论！怎么办？"

"你想咋整？"

"嗯，我能不能假装那个资料不存在？"

我：……

以上对话纯属虚构，毕竟再胆大的学生也不可能公开承认他的论文还没写就是有偏见的。但确实有学生向我提出过类似的疑问：列好提纲却发现有资料和提纲观点相左，怎么办？

对于这个问题，答案其实很简单：改提纲，甚至改变整篇文章的观点。

首先，如果这个"资料"是他人已发表的论文，而且你似乎还觉得对方说得挺有道理，那么，此时实际上是对你的论点的一次重大挑战：是你能说服对方，还是对方能说服你？如果别人的论文能够帮助你发现论证的漏洞，那请你务必补全你的论证，至少达到"他说得对，但我的论证也没错"的程度。如果你有信心能够驳倒对方，那么，此问题完全可以被你写成驳论，只要注意语气谦和点儿即可。

其次，如果这个"资料"是原始资料，比如某案例、某条约等，那么，你要做的是在此基础上作出新的分析。例如，证明该条约仅仅是例外且仅仅适用于例外情况，证明该案例其实存在错判（对，哪怕是WTO案例也不可能完全不容批判）。假如你认为此资料确实开启了最新动向且具有革命性意义，那么，这或许是一个很幸运的事件：你的论文主题可以直接调整为"某某问题的新动向探析"，你从前准备的资料可以直接用作背景和新资料进行比较研究。不亏！

最后，咱们来分析一下为啥不能假装跟你唱反调的资料不存在。往小了说，这是学术不端——故意误导你的读者；往大了说，你自己掩耳盗铃，审你稿子的专家会不会发现这份稿子写得有点儿偏颇呢？假设审稿意见当中真的包含这么一条"请补足对某某事件的分析"，这稿子改还是不改？

刚刚涉足科研的新人请不要慌张，被资料推翻原有观点这种事儿其实是经常发生的，甚至不仅仅发生在没啥科研经验的小朋友当中，也并不代表你搜集资料的功底不行。我自己从读博起算，论文都写了十来年了，也时常发现"神奇的新资料"。你习惯这种现象就好啦！

你导师为啥老叫你看文献?

爬树鱼

相当一部分刚读研的同学都会有一个值得抱怨的问题:看文献。"我导师就知道让我看文献!可是我看了之后还是啥也不懂,啥也记不住。我去问他,结果他还叫我看文献!"

相当一部分导师也都有一个值得抱怨的问题:看文献。"我那几个学生根本不知道看文献!啥也不懂,上来就问,我让他去看文献,结果看来看去看了个寂寞,还是啥也不会!"

那么,以上问题究竟是如何产生的?

首先,回答第一个问题:为啥研究生经常被导师赶去看文献?原因挺简单的:你导师懒得给你普法。比如,你去问你导师,竞争法是否"反垄断法与反不正当竞争法的集合",你导师肯定不想回答你,信不信?又如,你去问你导师:"竞争中立到底是啥意思?老师你给我讲讲?"你导师肯定会对你说:"看书去,书里什么都有!"事实上,你问的问题,你导师八成知道答案;然而,你猜,你导师的答案是从哪儿来的?难道不也是他看文献看来的吗?

其次,有的同学可能一看到文献就嚷嚷:"我看不懂,就是看不懂!老师让我看文献,我看了十篇八篇都看不懂!"这种翻开论文五分钟就嚷嚷看不懂的学生,我相信,相当一部分其实是"懒得看"或"不想看"。毕竟一件事儿只要你不想做,它肯定就难……当然,对于基础真的差、文献也真的看不懂的学生,我提出的建议往往是,先别看诸如《法学研究》这样高端期刊的论文,先从知网上的来自知名高校的硕士论文开始读。读上三五本,再去读一两本博士论文。这二者往往是通往高端研究成果的阶梯,保证把一个问题方方面面给你介绍到位。毕竟带过硕士论文的老师都知道,自己的学生恨不得"定义"就写3000字,"历史"再3000字,"法律特征"又3000字……

最后,谈谈师生都痛恨的"看文献记不住,看了个寂寞"这一现象。也有学生表示:"这个问题信息量好大啊。我看过,但就是记不住!"其实,这个现象还挺常见的。简单地讲,只要我自己看论文不记笔记,一天下来看过三十篇论文后,我也会看了个寂寞……看原始资料也是同理,比如WTO那些动辄200页的判例,都不需要读一天文献,只需读上二三十页,就足以达到"翻书马冬梅,闭眼周冬雨"的惊人效果。换句话讲,记不住是常态。就那么从头到尾地看,能记住反而是神一样的存在!所以,在此我也可以提供一个笨办法供读者朋友们参考:打开一个word文档,开启大纲模式;每看到一个新问题,添加一个标题,且在标题下简要概括此问题的具体内容和引证出处。如果同一个问题有多个学者阐述,则每位学者的阐述放在一个单独的段落内。这么做,都不用整理30篇文献,10篇下来,保证你能拎着文档对着你导师侃上30分钟!亲测有效哦!

为啥读书三个月，导师一问你却啥也不知道？

爬树鱼

本文标题描述的现象，你看眼熟不眼熟：

某年三月，某导师召集其二年级硕士生：徒儿们，咱们六月份开题，都来说说你们要写啥？

小王：老师，我想写个人信息保护。

导师：好的，可以，看书去。

六月初，导师：小王，你看了多少资料啊？

小王：老师，我看了53篇论文！

导师：好，来跟我说说这个问题其他学者都写了些啥？

小王：嗯，首先，关于个人信息的定义，我认为……其次，个人信息的保护，我国已经通过了"个人信息保护法"。最后，这个问题美国在研究，欧盟也在研究。

导师（已经开始扶额头了）：那好，你来讲讲，这个问题我国学者主要的争论是啥？

小王：嗯，我觉得，我国学者对于个人信息保护状况普遍有质疑，认为保护得不好。

导师：哪儿不好？

小王：力度不够。现在个人信息盗用太厉害了！

导师（喷火）：你还想开题不？

小王：老师，我很努力地读书了啊，53篇论文我都读过了！可是我就是记不住啊。

上述现象普遍不？倒是没普遍到"每个学生都这样"，但相信带过研究生的导师应该人人都遇到过这种学生。

那么，这种现象咋形成的？

一小部分人是真正的"读书不过脑子"，入眼不入心，抱着一篇文献能读一天，但问他读过啥，估计只能记住标题和作者姓名。这部分人不讨论。

还有一部分人是读书过了脑子，但多读几篇就晕，感觉"怎么这些作者说的都是这些东西，而且篇篇都长得差不多"。就像脸盲症患者看到了一群穿校服的中学生，瞬间感觉这是遇到了"十胞胎"，于是读书再多也只能记住"作者都论述了啥"，但具体论述方式等都不记得。

最后，也有一部分人，他们不仅读书，还做笔记，甚至在导师问起来的时候还能拎出来给导师看看。但是，那笔记或者说是"好词好句精选"，或者说是"大佬语录"——人家是按作者做的！比如，对于个人信息保护，王利明认为……张新宝认为……

对于后两种"啥也不知道"，其实还真有办法处理。毕竟人家真的用功了，只是看不懂、记不住而已。那么，具体疗法有两种：

第一种，在扫清基础知识障碍的基础上，直接上"问题导向"！即读书之始先别管啥观点差异，先弄明白此领域的基础知识，比如定义、特征、立法演进、国外立法司法实践最新动态。这些东西是基于事实的,所以往往不可能产生观点冲突,弄明白很容易。紧接着,马上针对一个实践当中的具体问题展开研究,先别管学者们在哪些领域展开过论述!举个例子,"个人信息保护问题",在国际法当中会演变为"各国个人信息保护标准的冲突与协调",在刑法当中会演变为"什么情况下盗用个人信息会构成犯罪",在民法上会演变为"个人信息究竟是否作为财产权加以保护"……基础知识弄清后,就可以挑一个方向深入下去。不然的话,摊子铺得太开,很可能三个月还没弄明白这个领域有啥问题。

第二种,在扫清基础知识障碍的基础上,沿着文献往下深入。与第一种方法相比,此种方法适用于问题意识不是特别清晰的学生,即在你发现不了一个值得深入研究的问题的情况下,可以先挑一篇论题让你感兴趣的文章,然后沿着这篇文章研究下去。比如,这篇文章在论述此主题时引用了哪些文章?又被哪些文章引用了?这些文章的共性是什么?在论述上存在哪些差异?你认为能说服你吗?如果不能,可能的问题出在哪儿?就是再没有问题意识的学生,沿着一篇好论文把这个领域的文献都总结清楚了,相信也能找到一个值得论述的角度!哪怕你的论述思路是"对于某问题,学界的研究现状包括……我觉得它们都不完善,理由是……我认为此问题应当这么解决……"这也算是一篇合格的论文啊,尽管创新性可能不那么够!

综上,"读完文献啥都记不住",一方面可能是读的主题太杂,另一方面可能是没有带着问题去读。对此的解决方案,或者是"带着问题",或者是沿着一篇好文章"顺藤摸瓜"。但不论如何,在基础知识没问题的情况下,读者都得有个思路线索,这样才方便记忆。打个比方,徒手拿土豆,你至多一只手拿俩;但如果给你个网兜,一人拿几十个土豆不成问题。不然,读书三个月,向导师汇报时,又如何把读书成果条分缕析地展现给导师呢?

写作流程篇

迈出科研第一步：
同学，你只管写！

爬树鱼

前几天院里组织活动，我碰上一位博一的学生。

学生：老师，我导师鼓励我要多写论文，可是，我觉得自己现在这水平，怎么写都只会写出学术水货。现在就一堆堆地写是不是有点儿太浮躁了？我要不要先读一年书再动笔写论文？

我：听你导师的，觉得自己大概可以写一万字了就赶紧动笔。相信我，你年底就算拿篇水货出来，也比空着手去见导师更不容易挨骂。

"不挨骂"当然是"勤动笔"的原因之一，但仅仅是最不重要的原因。事实上,对刚刚进入科研领域的博士生而言,勤动笔绝不等于浮躁或不踏实,反而是踏踏实实做学术的良好起点。

其一,"十年磨一剑"的写作方式不适合博士生,只适合大牌学者(或者至少是已经博士毕业的人)。原因很简单,就算是十年磨一剑,你手里也得先有一把剑才能去磨。博士生才刚刚学着打铁,你磨啥……大牌学者精雕细琢能出佳作,博士生往往连基础写作都不会,首要任务反倒是先练个手熟才好精雕细琢。比如说,你见过写了一篇文章全文都在夸中国某某法律真棒的博士生吗?这位同学更适合先写出来,然后被导师骂一顿,再写第二稿,再被骂……而不是花一年的时间去憋个大招,然后让导师看到了一篇精雕细琢,但就是错得离谱的论文。

其二,光读书不产出就是踏实了?中国可还有句古话,"好记性不如烂笔头"。就算写的东西不咋地,至少可以固化现有知识,为未来在此基础上更进一步埋下伏笔。你可以做个实验,读十个案例但不去整理和写作,一个月之后看你还能记住多少?我导师当年对我们博士论文开题的前置性要求,就是有三万字整理好的稿子。倒不要求是成稿,但至少是案例综述、研究综述这种拿来就能用的半成品。他为啥这么要求呢?(我当年是直接拿给他老人家三万字成稿,虽说不到发表的程度,但放在博士论文里完全没问题。他大手一挥:开吧!)

其三,写作不是终点,只是起点。你以为你做的是科研,但从你导师的角度来看,你做的是练习……我们偶尔会听到导师和学生之间发生这样的对话:

学生：老师，我的文章为啥发不了C刊？

老师：你写的时候，我就没期望你能发C刊啊。

学生：那我写这篇文章干啥？

老师：因为你需要学着写文章。

这话说起来比较不客气，但的确是大实话。博士生写论文，往往和"浮躁还是踏实"完全不沾边儿。能好好写但不好好写只知道投机取巧的，是浮躁。但咱有多少水平都用在一篇文章里了，不管写出来的是啥样，都是踏踏实实地写论文。没有博士前期的若干习作，哪来后续的一堆C刊呢？

总之，作为刚刚踏入科研领域的新人，你就先别管浮不浮躁了，赶紧写！再不济还有你导师把关呢。你要是真的把学术做得毛毛糙糙，比如相关文献有30篇但你只看了20篇，相关判例有英文原文但你偏偏去看中文综述这种问题，你导师可是一眼就能看出来的。你竭尽所能地认真写了，你导师只会看完之后，端起大茶缸子叹口气：哎，先这样吧，你是我带过的最差的一个博士生……

科研第一步,先写个一万字?才不是呢!

爬树鱼

一位同学在公众号留言,他表示他刚刚开始学写论文,感觉凑字数好难好难,遂确立了一个科研小目标:先写个一万字!

此问题值得撰文一篇专门说明。

这个目标其实可以拆成两部分来解读:第一部分,凑字数真难。第二部分,我的目标是凑到一万字。

先分析第一部分问题:凑字数为啥难?或者说,你为啥写不出来一万字呢?答案当然可能是五花八门的(比如"懒"),但最常见的答案是"没啥可写的,感觉我想说的内容,几句话就说完了"。于是在电脑前如坐针毡,恨不得把同一句话用十八种花样表述出来……如果你完美地符合此种情况,我就想问一个问题:你觉得你凑出来的一万字,到你导师手里能砍剩下多少字?一千?如果真是这样,所谓的"凑到一万字"有用吗?当然,或许也有点用,比如让你的导师真诚地相信,你是能力不足而不是态度不端正。但这对科研可是一点帮助都没有!咱们做的科研不是靠简单的重复性劳动提升水准的,这跟每天坚持跑一万米能有效提升耐力不一样。可单纯的字数增长,提升的或许只是打字速度? 在这一意义上讲,我其实挺反对某些人的说法:即便没有灵感也坐那儿写个几千字。也许有的大神可以就此产生出作品,但对我而言,没灵感还坐那儿敲字,还不如站起来拿拖把拖拖地去。

简言之,字数不重要,质量才重要!

当然,我知道这么说,绝大多数同学肯定都不会满意:老师,你不让我凑字数我可真就写不出来论文。那才真是科研成果为零呢。

对此,我的建议是:"头痛医头,脚痛医脚",去找为啥写不出来的原因!

(1)如果是你导师把题目留得大了(比如,民法上的"论权利类型化"),那么,坦率地跟导师承认,这题目我驾驭不了,请求换个小点儿的题目(比如,"论被遗忘权在我国的确立"),至少给你个能下笔的地方。

(2)如果是题目过于抽象,你的理论功底在短时间内又无法提升(如"论康德与黑格尔对财产法的不同定性"——此题目大概只有西方哲学专业硕士生导师才敢写),去跟导师承认,请求换一个具体一点儿的题目(如"新冠肺炎疫情期间对财产权进行限制的法理分析")。

(3)如果是题目太新、研究的人不多导致学者著述不多——此种情形,你需要的就不是换题目了,而是去找导师请求进一步指导,比如,请求获得对于新题目与既有研究间关联的指点。这种题目不是你能力不足所以写不了,而是不知道从哪儿下手所以写不了。此种情形可以粗略类比为我第一次见到椰子不知道该怎么办。其实,你只需要有人给你敲一锤子。

你说你刚刚开始做科研但偏偏没有导师？哪怕你只是本科生，找一位老师帮你看看题目还是能做到的吧？别把问题想复杂了，这就是个"难者不会，会者不难"的事儿。你身边的任何一位老师都不会吝惜指点你三言两语的。

强迫症犯了,老想反复改论文,咋办?

爬树鱼

我读博时,曾遇上一位才子老师,他曾经传授给我一条写论文秘籍:你只管写,拿着电脑只管敲敲敲。别管语法正不正确,别忙着加引证,能写多少写多少。别删,一口气写下去。

看着不像秘籍,对吧?但绝对是经验之谈。我真的照着做了,而且做了很多年,感觉这句话真对呀!不信?我给你看个截图,本人输入法的输入统计。有没有发现,我在6月23、24、25日三天的输入字数都很惊人?三天加起来足有一万字啦。至于26日那天,为啥输入字数骤降到2000字以下?因为写不出来了,在改论文。

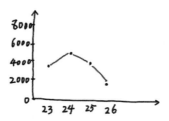

这就是一个典型的"抱着电脑敲敲敲"的写作方式。

那么,这种写作方式有什么好处?

一方面,思路连贯。论文当然不是《滕王阁序》,不可能瞬间文思泉涌,但是,常写论文的人通常都会有个感受:逻辑关系捋清的那一瞬间,自己就仿佛王泽鉴附体,感觉写出个"天龙八部"完全没问题。这种时候如果不抓紧,兴奋度掉了,再想调动情绪可就没那么容易了。

当然,思路不连贯还有一个危害:如果不能把想写的东西一口气写完了,你会总觉得"心里有事",脑子里面总有个东西晃荡着提醒你这东西要写出来。这时候,其实你是啥事儿都干不了,容易走神。具体例证请参见牛顿煮怀表的故事。

另一方面,不用纠结那些鸡毛蒜皮的东西。写论文当然是个精细活儿,同一句话用不同的表述,效果就截然不同。但是,只纠结鸡毛蒜皮,往往这一天就跟这一句话死磕了!然后,全篇写完后发现这一句话所在的一段其实都写偏了,得删……这种事儿真的存在!

人的思维不可能同时做到"宏大叙事"与"小处着眼"。而写论文,至少是写论文初稿,重心应当在于先把大框架拉出来。打个比方,《红楼梦》里修建大观园,是先画个规划图,还是先决定怡红院要不要栽芭蕉?这真不是死磕细节的时候!

最后,回答两个细节性问题:

第一,如果文思泉涌但真的没那时间一口气写下去,怎么办?拿张纸,记下头脑中的要点。这样不仅可以防止遗忘,还能把那些要点暂时从思维当中排除出去以免走神。我手边通常就有这么个笔记本。

第二,不计较细节,写出来的东西"惊天地泣鬼神"怎么办?没事!我的论文初稿从来不给别人看,因为,那表述真的要命!例如这句话:这种现象本质上是用政治道德代替法律规则。政治道德各个国家有各自的理解,但法律一旦确立就只能有一种样子。但是,在终稿当中,这个句子会变成这样:

此种现象的本质,是以多元的政治道德取代一元的法律规则。

意思一样不?

写一篇论文,进度条应该是啥样的?

爬树鱼

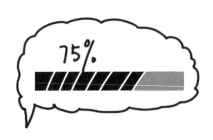

每当你在校园里看见一个博一学生一脸迷茫、两眼无神、魂游天外,你八成就会发现,他应该是被人生第一篇小论文给折磨了……本科和硕士毕业论文不算,那两篇论文多半达不到发表的高度;而且,写多了论文就会发现,一万字的论文绝对比三万字的论文难写。而这位同学一脸迷茫,一方面是被科研这件事本身给虐了,另一方面是被自己内心的不自信给折磨了:为啥我都看一个月文献了,进度仍然是零?我啥时候才能写出来文章?

其实,我们对于写论文原本也存在一点儿误会。绝大多数没写过小论文的同学以为,论文进度应该是这样的:

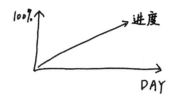

其实,这个进度,它是这样的:

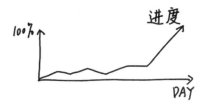

第二张图看明白没?刚开始下手那段时间,进度爬升极其缓慢,有的时候还会出现反复或者倒退;但总体进度是稳中有升,如果选题没问题基本不会出现一头栽到底再也不反弹的那种状况。然后,当你的研究做到50%以上时,进度突然加快,匀速上升,有的人甚至会在最后阶段爆发式坐火箭飞升至100%,比如我的某篇论文,前一个半月一字未写,最后一周从零到一万五千字。

所以,这种状况是正常的!不是你进度有问题,也不是你笨!

首先来分析,为啥有的学生会觉得论文进度应该是第一种情况,即匀速上升?这可能是因为,真有这么一种人,他的本科或者硕士论文的提纲被列成了"中国的实践—中国的问题—美国的实践—中国的借鉴和立法改革"这种四平八稳的教科书结构。这种结构写起来还真是匀速上升,写完第一章之前都不知道第二章要写啥,第二章开始动笔的时候现去查第二章资料都来得及。或者,还可能有一种人,他的论文是"论不正当竞争"这种特别散的题目,第一章"欺诈消费者"、第二章"滥用市场支配地位"、第三章"合谋定价"……这种题目的写法也是进度匀速上升,但问题在于他指导教师的头痛程度估计也是匀速增加。

综上,曾经有过"论文进度匀速上升"这种神奇体验的学生,请迅速忘掉你从前的写作方法!

那么,咱们再来分析,进度极为不平均的论文写作方法是咋回事儿?原理很简单:

其一,你得构思完整篇稿子才能下笔,而构思这个过程可是乱得很,比如说查了一天资料发现"啊,此路不通,被人写滥了!"

其二,就算你构思的进程(事后看来)极其顺畅,但在真正的科研过程当中,你不知道自己走的路是对的。所谓的"只在此山中,云深不知处",或者说"不识庐山真面目"就是这个道理。很多论文写作数量达到两位数的同学都会有这样一种感觉:资料看了一大堆,还在迷茫的时候,突然一拍大腿:"啊,原来如此,之前那么多不知道咋回事的'点',按照这个思路全能穿起来!"这种感觉大致如下图:

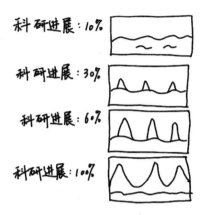

我就问你,不看到最后一张图,你有信心从图的一头走到另一头而不被淹死吗?

小心科研、大胆下笔,这不矛盾!

爬树鱼

此前写了两篇文章,第一篇是讲想好了就动笔,不要瞻前顾后非得等着研究到你导师的水准才下笔;第二篇是讲别乱灌水,别为了一天写一千字而为赋新词强说愁。于是,有的小朋友产生了疑问:老师,你这是让我写,还是不让我写?

我:二者不矛盾,真的!前者是让你大胆下笔,后者是让你小心科研,这二者矛盾吗?

先解释"小心科研"。此处的"小心",是让你认真严谨、踏踏实实地去做事。举例来讲,你导师给了你一个题目:"论合同法律适用中的最密切联系原则"。咋样,这

题目能写吧?当然能,北大法宝上有大量相关案例。那么,我来给你演示一下啥是"小心科研":

第一,你得全面,哪怕是抽样研究而非穷尽性研究,也得是"北京市某某法院(最好别是基层法院,这可是个涉外诉讼)2020年1月1日以来的全部案例"这样至少有点儿代表性的抽样,而非"我打开北大法宝后最先看见的10个案例"。

第二,你得深入研究其中具体判决的内容,而不是看一眼结论就下笔:"共检索到250个案子,其中原告方主张得到支持的125个,原告方主张未得到支持的125个。"

第三,当你分析出来"影响法官适用最密切联系原则的五个因素"后,你还得总结这五个因素的产生原因。比如,第一个因素是因为最高院的指导案例这么做了,第二个因素是因为法官普遍具有让合同有效的倾向……

第四,你得提出结论:以上这五个因素,我认为第二个因素不利于法律适用的稳定性,应当进行如下改正……

这么一个过程,就叫"小心科研",在这一过程进行完之前,哪怕动笔,写的也是案例分析笔记而非论文正文。假设某位同学听从了某大神关于"每天写一千字"的教诲,进而从搜索案例开始就每天写一千字的论文正文,到了做完第四步时正好写完一万字……说实话,我不信。我从未见过胸中没有提纲就能顺利地绕开所有的坑,一口气达到结论的。

你以为的论文写作路线,应该是这样的:

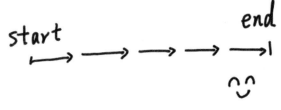

其实，八成是这样的：

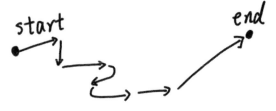

甚至是这样的：

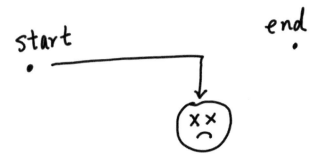

那么，什么又叫"大胆下笔"呢？这个说起来简单，当你把上面四步全都走完了之后（同时每一步相应的相关学者著述也看完了），赶紧动笔！别犹犹豫豫地思考自己的水平能不能写好这篇文章，也别还没动笔，就觉得自己写得一定浅、一定是学术水货，结果不敢动笔了……

说实在的，我就特别不理解为啥有人在资料整理得差不多了的情况下还怕自己写不好文章进而不敢写。在我看来，只有写了能发出去的论文和写了发不出去被导师说太烂然后被导师揪着改的论文。

发论文为啥会出现大小年?

爬树鱼

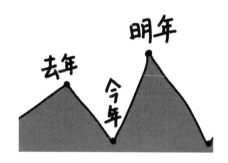

说此标题当中的问题之前,先给大家讲个故事。从前有个博一新生,问了我一个问题:老师,你觉得我在博几发论文比较好?我:首先,你为啥觉得这事儿是你能控制的呢?其次,别管博几发论文了,现在就开始写,然后赶紧投出去,越早越好!

问这个问题的学生倒未必是对自己过于自信,反而很有可能是因为对自己不太自信,所以想着先打打基础,别急着创造学术垃圾。但是,抛开他自身的学术功底不谈,光说"发论文"这事儿,实在存在不可控因素。即便是高校教师,也往往会出现"某一年一篇论文都没有"的状况,或者,遇到传说中的"大小年",即某一年论文发表数量极低甚至为零,某一年连续发多篇文章。

此种状况的产生，原因可能有三：

其一，该教师正好赶上研究方向转型。比如前一年刚刚把"论数字人权"这个国家社科基金项目给结了题，第二年又中了"论数字贸易"这个司法部课题。那么，可以推知的是，结题前一年的论文数必然会多于刚刚申到新项目那年的论文数。毕竟，谁打基础不需要时间呢？

其二，该教师选择的是"厚积薄发"的研究方法，即一个问题研究得不满意绝不出手。

其三，该教师选择的是高端刊物，而这种刊物从投稿到排刊期必然会比较长。

其四，纯运气使然。比如，某同学有一天一脸惊奇地问我："老师，你是怎么做到同一个月发两篇论文的？"我说那是过去一年里写出来的，赶巧了！

当然，以上因素，未必都会出现在博士生身上，至少没听说过哪个博士生敢在读博期间尝试研究方向转型的。但是，有的博士生的研究课题，就偏巧是厚积薄发型的，基础打不牢就真的一篇文章都写不出来，这种学生的前期成果必然远少于某些选择了可分割型题目的博士生。至于刊物种类和运气因素，那真没办法，谁都有可能摊上。

所以，"大小年"这事儿，放在高校教师身上，就体现为各高校对教师的考核通常是以三年为一个周期的，而非一年一考核，不然应该没有哪个老师敢说自己一定能合格（大神除外）。而各位同学发现没有，三年恰好也是读博的最低年限。这说明了啥？一方面，别急；另一方面，千万别拖。你的学术研究水平必然赶不上你导师，而你导师都得以三年为一个周期出成果呢。你还不得早点儿下手，免得这三年全都是学术小年？

论文中的分析问题：
不是给出"你认为"的原因，
而是能说服别人的"原因"

吉大秋果

> 我不要你认为，我要客观标准！

在答辩中，很多同学在分析问题的环节中太过任性，只要"我认为"，不管别人能不能接受。

一般意义上，答辩的过程中，我们需要了解学生要解决的问题是什么，这个问题的结论是什么，以及得出结论的依据是什么。本文我们说的就是得出结论的依据，它表现在论文的结构中就是分析问题的部分。只有问题分析到位，结论也就是解决问题的部分才能成立。例如，某同学的论文的结论是各国必须提升对环境保护的认识才能解决目前面临的环境危机（纯属虚构）。为了验证这个结论，我们需要知道学生是从什么样的依据得出这样的结论的。学生对这个问题的解释是，依据有三个，分别是从政治、经济和社会发展的角度来看，各国必须提升对环境保护的认识才能解决目前面临的环境危机。而作为答辩组的老师，我的任务就是帮助学生明白我们是否可以从这三个维度得出这样的结论,除了这三个维度是否还有其他的维度。

于是我问了学生一个问题:你为什么认为需要从政治、经济和社会发展这三个维度来分析问题?你的依据是什么?学生说他就自己认为应该从这三个维度分析问题,没有依据。我说,那你怎么能够保证这三个维度是分析该问题必需的维度呢?换句话说,从逻辑学的角度来看,依据要想得出结论,那么依据必须是这个结论的充分必要条件。你怎么能够证明政治、经济和社会发展这三个探讨的维度是得出文章中结论的必要且充分条件呢?学生回答说,不能!我心想,这就难办了,如果不能的话,你的结论不就是无稽之谈吗?如果你的结论都是无稽之谈,你的分析部分不成立,那你的论文怎么办呢?

但是话说回来,我们在论文的分析问题部分,一定要时刻记着,我们给出的理由一定是结论的充分且必要条件,这个条件也就是理由,不是写作者自己突发奇想,或者看文献的时候突然脑洞大开,想到什么就把它直接列上,而一定是有一个客观的标准和理论分析框架的。举个例子,如果我们想证明甲构成故意杀人罪,那么客观的标准就是犯罪的四个构成要件:主体、主观方面、客观方面和客体。这四个要件是推出甲构成故意杀人罪的必要且充分条件,而且这四个要件源自法律的规定,而不是任何一个人的主观臆想。

我们在写论文的时候也是这样,分析问题时要找到它的权威的、客观的理论框架,或者是标准框架,而不能是自己想从哪个方面入手就罗列哪方面的原因,在这个部分不能太过任性和"我认为"。写作者要时刻提醒自己,客观上我需要从哪几个维度去分析这个问题,而不是想从哪个维度就从哪个维度。试想一下,如果法官和律师在法庭上并不按照法律规定的四个维度,即主体、客体、主观方面、客观方面来分析犯罪嫌疑人是否构成犯罪,而是随意地依据当事人的头发、着装、饮食习惯等来判断他是否构成故意杀人罪,这简直太可怕。

正在写论文以及未来要答辩的学生一定要注意这一点,论文写作是科学研究,科学研究一定要遵守一定的规范,不能以自我为中心,要以客观的事实、理论分析框架为中心,去自我中心化。

我的第一篇论文,为啥写了半年?

爬树鱼

前几天,有个刚读研的学生跟我说:"老师,我想写篇论文,写完了您给我看看?"

我说:"好。你估计啥时候写完?"

学生很不好意思地说:"老师,我现在还没开始看资料,可能用时会久一点儿,得两周吧?"

我:……

我真不是嫌弃这位学生用时太长。恰恰相反,我严重怀疑,小朋友对"用时久一点儿"的理解是不是有啥问题。因为,我自己读博发表的第一篇论文,用时半年,尽管其间跨了个寒假。而且,还真不是我自己磨蹭,我咨询过我自己的博士同学,发现大家基本都如此!

那么,我用半年时间干啥去了?第一,对某领域进行一下了解,大致掌握一下基础知识是啥样的(1个月);第二,对学术前沿进行了解(把最近几年的论文读一遍),看看现在研究到了什么地步(1~2个月);第三,在终于确定了我产生的那个疑问真没人写过的前提下,搜集、整理资料(1个月);第四,写初稿;第五,各种改。

对于已有科研基础的同学们而言,以上流程,你看着眼熟吗?

以上,甚至还不包括我最终找到那个选题的时间,即我的第一篇论文,实际上产生于我有一个疑问,且是在希望解决那个疑问的背景下开始研究的。至于一点灵感都没有的同学,很可能找题目就得找半年!

那么,如果对科研已经比较熟悉了,上面那个"半年"有可能缩短吗?当然可能,至少基础知识部分不用再学了;学术前沿也是个积累的过程,如果长期跟踪某一领域的进展,至少会对相关动向有个大致的了解(例如,你可能会知道,某某学者提出了某观点,尽管观点的具体论证过程你可能不太清楚)。那么,就我自己而言,如果仅需搜集新论题的相关资料,那么,一篇论文可以在2~3个月内完成。当然,我还见到过某些大神,尤其是仅进行理论探讨而不做案例研究的,完全可以在深思熟虑后一蹴而就,最短耗时15天……

综上,开头提到的那位同学,如果真的能用两周时间写出一篇论文,那么,除非他已经达到大神级水准(估计不大可能),否则,我严重怀疑最终产出的作品很可能是对学者研究进行介绍(八成不是很全面)或者对案例进行概括。我倒不是反对小朋友们先写个文献综述或者先写个案例报告,毕竟完全可以在此基础上发掘问题继续深入。

写这篇文章,主要目的还是让刚刚进入科研写作领域的同学们心中有数:

其一,别嫌自己进度慢,在学术助跑期真的快不了。

其二,真正"开始写作"其实是对一个问题的研究已经到了中后期了。前期大量准备工作是少不了的。光是看资料就看上一个月,这对于博一小朋友们并不稀奇。只要别泡在资料里不肯出来,迟迟没有动笔的意思,磨刀绝对不误砍柴工!

博士论文框架是怎么搭起来的？

爬树鱼

"老师,要开题了,我不知道怎么写博士论文框架!"

以上问题常见不？常见！开题之前,相当一部分博士生会觉得,开题报告里最难写的就是"框架"。毕竟,从来没搭过十万字的架子！

对于以上问题,当第一个学生来问我的时候,我还有点儿不明所以,"这有什么难的？把你会的、与这个题目相关的东西都搭上去不就行了？"

于是,学生开始操作了,操作结果如下：

第一章 文献综述、研究方法

第二章 某某问题的定义、特征、发展史

第三章 某某问题在实践中的问题

第四章 解决方案

这还是一级标题。再说二级标题,往往只有上面的第二章能写出来像模像样的二级标题:第一节,定义;第二节,特征;第三节,历史……越到第三章、第四章,二级标题就越瘦,甚至让人看不清楚作者的观点究竟是啥。问起原因,学生回答:因为,我也不知道实践中有啥问题,更别提解决方案了。我的目录中的"问题",只不过是别人论文中提出的"问题"而已,我搬过来用用。

好吧,我现在终于明白,我所说的"把你会的、与这个题目相关的东西都搭上去"和小朋友所说的"搭上去"区别在哪儿了。我自己的博士论文框架搭建,采用的实际是一种"围点打援"的方法,也是我的导师当年要求的:拿到题目,啥都别管,跟这个关键词相关的任何东西都可以研究。研究完了,拢起来,就是博士论文。举个例子:我的论文的中心论题是:WTO框架下的资源贸易法律规则研究(当年可是热点),我围绕此题目开发出了"自然资源相关的贸易与环境议题""自然资源贸易相关的出口税合法性问题""资源密集型产品的贸易救济问题"三个分论题。然后,寻找其共性:发展博弈!三个分论题,都体现了南北方国家之间就以资源为代表的发展机遇进行的博弈。只不过,博弈场景不同,规则不同,利益冲突不同。

于是,开工。接着,十万字论文立论完成。最终写完,十五万字。

那么,此种写作方法与本文一开头某同学的那种方法的区别是啥?区别是,我是有中心论点的,且能够围绕此论点开发出不同的分论点,而非教科书一样的"定义、特征……"一路铺开去。不仅如此,我是有且只有一个论点的。不像某些小朋友,把博士论文写成了"某某议题的若干问题研究",且这些"问题"之间啥关联都没有。这种写法不把导师惹火才怪。

当然,可能还有学生要问:你怎么就那么确定,你围绕一个主题研究的几个分论题之间一定会有关联呢?或者说,你怎么就那么确定,你能用一个中心思想把它们"拢起来"?答案其实很简单。正如一个人生病会有"病因",例如糖尿病人的若干症状都是由"血糖太高"这一件事儿所引发的,法律问题也是啊。就看你能不能找出来那个动因。

本文开头那个反例,其实是"开题太早"或者"没研究透"的产物。只看了别人就此主题写出的几篇文章就匆匆开题,八成也会把提纲写得骨瘦如柴。提纲里的东西仍然是"鸡肉、猪肉、牛肉……",还没有被你消化吸收成为"自己的肉"。所以,提纲才胖不起来!

科普帖：怎样确定论文该投啥样的刊物？

爬树鱼

投稿子这事儿，其实和找对象差不多。把稿子写得花团锦簇，算是满足了第一步要求；但如何给稿子找个好人家，同样也是个学问。正如两个好人完全可能过不到一块儿去，好稿子和好杂志也同样可能互相看不顺眼。那么，对于学术小白而言，如何初步确定自己的稿子应该投到哪儿？

最简单的方法，当然是"听你导师/师兄师姐的"。有丰富投稿经验的人，往往能够预估出此稿子适合哪个等级的刊物。当然，如果你导师同时有审稿人的经历就更好了（一般博导肯定都有），那么他老人家的眼光通常是没问题的。

那么，如果你恰巧没导师可问呢？

首先，衡量一下自己论文的档次。可以从横纵两方面衡量：横向衡量，是拿你的论文跟别人的论文对比，预估一下这篇文章大概是个啥水平。"别人"的文章可以是知网上已发表的文章，也可以是你同学已发表的文章。你觉得你的论文和哪篇论文水平差不多，你就去投相应等级的期刊。而纵向衡量，则是拿你这篇论文跟自己曾经写过的论文比，即这是不是代表我最高水平的论文？换言之，如果我想冲击一下"博士生毕业必须要有的C刊",这是不是我能拿得出手的最好的论文？如果是,哪怕你个人感觉此论文水平未必特别高,也得试试。

其次,衡量完档次之后得具体找刊物。这时需注意的是:领域、风格、作者层次。有的杂志不发某些领域的文章,有的杂志不发理论性过强/没有理论探讨的文章,还有的杂志不发硕士生独著/无基金项目的文章。这些通过观察近一年的已发表文章均可得出结论。此时还需注意的一件事是,如果你想投综合性刊物,请务必注意此杂志发表法学类论文的频率。比如,某杂志平均一年发表六篇法学类论文,这种杂志,如果你不想排刊期排到你毕业之后,那么,慎选。

最后,避开和你选题类似的文章。对于这个细节,很多学生反而会反其道而行之,例如,我发现某杂志发了一篇"平台用工的工伤保险"的文章,那么我也来投一篇!这种做法的问题在于,很多杂志在发表某一题材的论文后,为了保证其学科覆盖面,会有意在一年内避开同样题材的论文。这时候撞上去,几乎必然会被初审退稿。不过,"选题类似"是指两篇论文想要解决的问题类似,不是指学科领域类似。举个例子,如果你发现一个杂志经常刊登保险法论文,那么,这反而说明保险法是该杂志关注的特色学科,此种情况完全可以投!

基本上,经过以上三步,应该能够初步确定一个可以投的杂志了。当然,其实还有个捷径:实在不知道往哪儿投稿,看你师兄师姐在哪儿发了论文!他们能发的杂志,八成你也能发。

扫盲帖：论文从投到发表，究竟要经过什么流程？

爬树鱼

此文的写作动因，是每年总有刚刚被录取的准博士生来问我：投稿究竟是个啥流程啊？对此，标准答案是：你投一次不就知道了？只不过，问题在于，把稿子投出去之后，问题就变成了："老师，我现在的投稿流程正常不？"

首先，先给大家讲个故事：论文投出去之后，它就消失了。躺在审稿系统里半年毫无动静，半年后，一年后，两年后……对方给你发来一个邮件：很抱歉，大作未能通过初审……

大家别慌，这种现象不少见，但，不正常。

所以，投稿第一步：排除此种超级坑的刊物。方法：问。问你师兄，问你老师，上网搜索。

第二步：排版。尽量排成对方刊物要求的样子。注意，此处的"对方刊物要求的样子"，是对方"投稿须知"里要求的样子，不是对方"发出来的文章"的样子。原因：等到你过了终审，自然有人帮你排版。

第三步：投出去，在对方投稿系统里填各种资料。

第四步：对方初审。此流程占一周至一个月的时间，视刊物不同有所差异。文章开头那个"稿子消失"的情况多发生在这个阶段。通常来讲，初审被退极有可能不是因为你的稿子差，而是稿子的文风、主题与对方期刊的风格不符。所以，"初审被退"啥都不代表。能迅速在初审后退稿的期刊反而是良心期刊。

第五步：过初审后，有的杂志有复审，也有的直接进入外审。但不论如何，最终一定会进入外审。外审可能是一个专家，也有的期刊财大气粗会有两个专家。此时，你只能等。有的专家会迅速回复审稿意见，比如一周内就回复；但也有的专家，会把这事儿给忘了……我就听说过临时更换审稿专家的情形。这种情形下审稿速度必然会慢。通常来讲，专家会明确给出"录用"或者"拒绝"的意见，但极少会出现两个专家"一个录用一个拒绝"的情况。反正我到现在为止仅遇到过一次。

第六步：编辑综合审稿意见，给出"直接拒稿"或者"修改"的回复。到了这一步，编辑就会给你发邮件。据说有的刊物在接到外审专家肯定性意见后也会拒稿，但通常来讲应该不会。原因很简单：不然，送审干啥。送审是要支付审稿费的！收到意见后，没啥好说的，改呗。此处需注意的是：

（1）开"修订"模式改！有的期刊是要求提交修订模式稿件和清洁稿的。

（2）除了审稿专家的意见实在有错误（比如要求你论证太阳是宇宙中心），否则，尽量别置之不理。即在 A 和 B 都对的情况下，如果专家坚持 B，你别和他杠。原因:有的期刊会把你修订后的稿子寄给原审专家再看一遍。

（3）向编辑部反馈的时候,尽量写一个"对于审稿意见的回复",逐条回复一遍。当然,如果是两份审稿意见的话,可以把相同的意见合并回复。

第七步:接着等。编辑部可能会要求你二次修改,但一般是文字修订。然后,后面的流程就是编辑部的了。你会在投稿系统里眼睁睁看着对方二审、三审、主编审、终审、录用、排刊期。这个时候,就是你恨不得一天刷八遍对方审稿系统的时刻了!

PS:有的期刊会出现终审拒稿。

第八步:录用,等待见刊。到此,编辑部会派人索要你的通讯地址(寄样刊用),以及银行卡卡号和身份证号(发稿费用)。

PS:本人法学专业,上述流程未必适用于其他专业。

论文写作是一个链条化的过程，
第一关把握不住，
后面咋努力都是装腔作势！

吉大秋果

没有问题意识这个问题，其实是无法通过后期修改解决的。

论文写作是一个链条化的过程，是指论文写作大概会经过首尾相扣的几个环节。首先是你必须要有一个问题，你发现了现实当中的一个问题，经过你的理论提升，这个问题变成了你所属学科的一个理论级别的问题，然后你围绕这个理论问题进行理论分析，最后得出结论。分析的过程和得出结论的过程都是论证性非常强的过程，也体现你的专业功底。从理论上看，在这样一个链条化的写作过程当中，每个环节都有可能出现问题，而且这个链条化就决定了前一个问题解决不好，后一个问题也不可能处理得好。也就是说，如果你没有问题意识，你的文章当中就不可能有问题，这又引发了连锁反应，你也不可能分析好这个问题，更不可能得出一个好的结论。如果你有了问题，但是分析环节做得不好，那也会直接导致分析之后的环节，比如结论环节存在问题。

在这个链条当中，至关重要的就是问题意识，如果你没有这个东西，后续你哪怕把论文都写完了，也可以毫不客气地说，这种论文没有任何价值，达不到任何教育培养人才的目的。这就说明了问题对于论文写作来说是多么的重要。我们必须把问题关把好，才能让学生继续推进写作的其他环节。

实践当中的情况是怎样的呢？在论文写作中最困难的就是问题意识，看的文献不够，对所处学科的社会实践不了解，都会导致学生没有办法捕捉到一个真正的问题。有的时候指导教师对论文写作把关不严，甚至没有向学生交代清楚什么是问题，对于学生不具有问题意识这个事儿也没有说得很清楚，于是在稀里糊涂的情况下学生就开始写作，最后竟然还完成了论文。我年审论文大概200篇，有一半以上缺乏问题意识，剩下一半的论文在论证、理论性以及结论方面存在一些问题。

老实说，论文都写完了，如果这个时候收到的评语是没有问题意识，这就意味着这篇文章白写了，得从头开始重新构思。现在有些学校在论文送审之后，如果盲审老师提了修改意见,还会在学生修改完毕之后,重新发回盲审老师这里再审。每年的送审时间大概在4月,返回评议书的时间大概是4月末,每年5月就会答辩,留给学生进行修改的时间也就10天左右。对于一篇没有问题意识的论文,这个问题在之前一年的写作过程当中都没有得到纠正,我们实在不敢期待在如此短的时间之内能解决掉。

写这篇文章的目的有两个:一个目的是想向学生解释一下问题意识的重要性,没有解决该问题,尽量不要往下走,走了也是白走。当然这比较理想化,因为很多学生没有问题意识,但是时间到了,他也会继续往下写,而不会继续挖掘问题,毕竟毕业是有时间点的。另外一个目的是想对论文盲审这个事情发表一点意见,很多问题不是在盲审阶段能解决的。从教学的角度看,盲审叫终结性评价,但是,是否有问题意识、是否论证充分是过程性评价。未来还需要在论文指导过程中加大过程性评价的力度,完善惩罚机制,例如在选题环节就设置外审,没有问题意识的干脆不能通过,不允许往下写。但是,这个估计很难,有很大阻力。老师也有难处,学生找不到问题不能一直压着;学生也有难处,不能一直不毕业。总之,这是个问题。

博士生科研基础帖：
一篇论文写多长？

爬树鱼

"老师,我的论文应该写多长?"这个问题来源于某博士一年级学生。不过,别嘲笑这位同学连这都不知道,也别跟他讲"随便找一本核心期刊数数看"。毕竟,有的刊物能发二十页的论文,有的刊物也发过七八页的,他自己去翻很可能无所适从。

那么,就平时用来发表的小论文而言,一篇究竟要多长?

简单回答:我读书时,八千至一万;我工作后,一万至一万二居多,少数一万三四,极少数一万五。几乎从未超出过这个数。

那么,为啥呢?

其一,论文的字数,往往能够体现一篇论文的容量。如果一篇论文的字数很多,那么,在作者没有过多废话的前提下,这往往意味着论文信息量大。这就会引发下一个问题:你究竟能驾驭多少东西?我读书时,明显有过一种"资料多了安排不过来"的感觉,此时很容易随心所欲地写成流水账。经过几次尝试,我发现,自己写得满意,投稿也较为顺利的论文,通常都处于八千至一万字之间。内容太少的论文,往往是我自己知识储备贫乏,写起来也捉襟见肘的论文。内容太多,感觉实在写不完的论文,往往会让我觉得,它的主题其实并不突出,写起来容易被资料牵着走。因此,读书那会儿,我其实是有意识地拒绝写字数在一万五千字以上的"大"论文的。(博士论文另当别论,那是分章节去写的。)

其二,论文的字数,往往也代表着你的论文被编辑接受的程度。根据我的投稿经验,一万字左右的文章,几乎不可能被编辑挑"字数"的毛病。而一旦写到一万二千字以上,就容易被要求减少点儿字数。当然,也有少数刊物更加倾向一万五千字以上的文章,且这种刊物往往会在征稿启事当中明确写出这一点。可是,问题在于,你愿意让自己的论文只适合投少数几个刊物吗?

所以,建议刚刚进行写作的博士生,先不要一味追求"字数多"。好论文在精不在字数多,论文写得长其实并不必然是优点。能把论文控制在一定字数内,这反倒是个本事。当然,说到这个,可能会有学生提问:字数能控制吗?当然能啊,我现在写论文通常是写到一万字就开始有意识地"收着写"。当然,这也不代表在写作过程当中完全不去控制字数,仅仅精简最后一部分。在此给大家列个论文各部分的预估字数,仅以我自己的习惯为准,大家批判对待:

开头,一千字左右,揭示出问题和背景即可;

对问题的具体分析,通常不超过四千字;

对问题成因的分析,大约四千字;

解决方案,大约三千字;

总计一万二千字。

PS:此文只适用于法学类论文。

写博士论文究竟是"水滴石穿"，还是"一鼓作气"？

爬树鱼

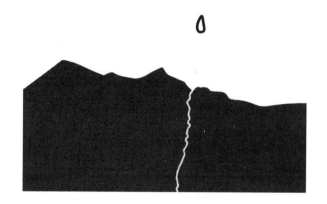

写博士论文这事儿，不同的老师有不同的教法。比如，我通常对学生讲，最好博一就确立一个研究方向，笼统一点儿都行，然后博一、博二都围绕着这个方向去写一圈儿小论文，最后拢起来就是大论文。可是，也有位学生跑来对我说："老师，我的老师不是这么教的！我的老师跟我们说，前两年别着急，第三年花三个月时间啥也不干集中去写，就能写出来论文！我的老师还说，他的论文就是这么写成的！"

当然，我和上面这位学生挺熟的，我也知道他不是为了抬杠。事实上,我也完全相信他导师真就是这么写出博士论文的。但是,我自己的论文也确实是像我说的那样写出来的。那么,是说博士论文可以随机采用"水滴石穿"或"一鼓作气"式写法吗?

还真不是。我和那位导师写论文的方法不同,是因为我们写的论文原本就不同。我的论文是鱼骨型的,就是中间有一根非常清晰的脊骨,两边分散着N条肋骨。前面有头,后面有尾。而那位导师的论文,恰恰是九连环形的,一环扣一环,差了哪一环都解不开。所以,我围绕一个主题写一圈儿,正好组装成大论文;而那位导师,是从一年级开始琢磨,终于形成了自己环环相扣的理论框架。于是,博三开学,挽起袖子开工!

那么,读者朋友们请再猜猜,为啥我俩的论文这么不同呢?或者说,请猜猜我写的是什么主题,而那位导师写的是什么主题?我写的是一个典型的实践类题目,"某某问题的国际经济法规制"。一根主线,是这个问题本质上是南北矛盾;四个分论点,是南北矛盾分别体现在贸易救济、环境措施等四个方面。这种题目的四个分论点其实先写哪个后写哪个都行。而那位导师写的则是一个典型的理论类题目,"某某问题的原理研究"。这个论文根本就没有分论点,完全就是一根主线!这种论文要是不厚积薄发,还真就类似于"不吃前五个馒头只想着吃第六个馒头"。能吃饱,才是奇迹!

所以,采用哪种方式写毕业论文,很可能不是你决定的,而是你的题目性质决定的。因此,请选择了九连环题目的同学务必耐下性子等着自己厚积薄发、一飞冲天。也请选择了鱼骨型题目的同学一定勤快点儿,不要看着旁边那位选择九连环题目的同学不动笔就也跟着不动笔。原因很简单,鱼骨型题目通常是"资料密集型"的,你不早早动笔,很可能就把读过的东西都忘啦!

我来告诉你，
为啥你导师记不住你的论文改了啥？

爬树鱼

又是一年论文季，本硕博的学生都赶在这春暖花开的好时节闷在图书馆里写论文，而他们的导师也同样在这大好春光里，闷在电脑前生气：我怎么招了这么个学生进来！不过，本文讨论的不是"导师看走眼"的问题，而是一个在改论文过程当中学生很容易腹诽导师的事儿：你咋就没发现我的论文和上一稿有啥不同呢？你到底看了没？

嗯，答案很可能是"真的看了"，但导师也完全可能记不住你上一稿是怎么写的。所以，当你去问导师："这个问题，我到底是上一稿写得好，还是这一稿写得好？"导师很可能回答：等一下，我再看看你的上一稿。

那么，为啥？

根据我的经验，原因有三：

其一，导师可能同时在改好几篇论文，能迅速发给你修改稿就很不错了。他很可能看完一篇稿子之后就得迅速清空缓存以便修改下一篇稿子。这事儿其实不难理解，我自己去医院看病，出了诊室一分钟又回去问大夫一个问题,结果大夫瞪着两只茫然的大眼睛:你是哪个患者?咳嗽那个还是哮喘那个?

其二,导师记性真不行了。简单地说,人有的时候还真不能不服老!遥想我高中的时候,A4纸一页半的英语课文,我可以在40分钟内一字不漏地背下来;大学时我还背过两三页纸的长课文。现在呢……我总算理解为啥比我年长的同事每人都有个效率手册了。我也得弄一个,否则监考都能跑错屋子!

其三,你的稿子改得要么不明显,比如第一页一句话,第三页一句话……要么太明显,比如结构都变了。前一种情形相当于让你导师来玩"大家来找茬",后一种情形相当于让你导师反问:这稿子和原来的那份有啥关系?

总之,同学们,导师很可能已经很努力地去记住你的每一次进步了;但,如果你摊上一个记性不好的导师,请自觉体谅他,采用技术方式提醒他你究竟修改了啥。具体怎么做?建议采用投稿退修两件套:原稿修订模式加"对修改意见的回复"。投过稿的应该都弄过这两样吧?毕竟很多编辑部就是这么直接要求的——原稿或者直接开修订模式,或者把修改之处标红;同时,另附文件详细说明修改内容。标准格式如下:

(1)审稿专家表示:(以下复制审稿意见)……

修改:(以下阐明针对这个意见的修改)……

(下同)

……

相信我,导师一定会很感动于你的贴心,然后会在下一稿努力给你提更多的修改意见!

同学,你能把论文"默写"一遍再开始敲字儿吗?

爬树鱼

很久以前,秋果写了篇文章,大意是"手里拿着资料再来跟我谈开题"。那篇文章的内容我完全赞成,要求学生必须阅读一些文献才能开题,不要"灵感一来"就跑去找他的导师。我这次写文章,是想讲一个我很喜欢用的方法:让学生给我"默写"一遍想要写的论文。具体方式如下:

我:某某,中午来湖畔餐厅一趟?对,咱们谈谈论文的事儿。你啥也不用拿,我这儿有纸笔,人来就行。

那么,你猜我想干啥?我真的要谈论文。来,跟我讲讲,这篇论文你要解决一个什么问题?分几部分解决?第一部分是怎么引出问题的?第二部分要分几个方面阐述这个问题?这个法律问题共包含多少个要件?是第几个要件出了差错?第三部分分析原因,是用比较的方法还是案例的方法?你要引用哪几个案例?第四部分"中国问题"又要怎么解决?——当然,此过程中还要夹杂若干文献引证,比如分析到某个小问题时,我可能会问:这个观点此前有没有学者提到过?你是从哪儿看到这个论断的?你赞成吗?有相反的论断吗?

一串儿问题问下来,小朋友肯定会在某个环节卡住并做出摸电脑/手机的动作。"老师,我记不住了,您等会儿,让我查查!"而我一般也会阻止这种查资料的动作:不用不用,咱们先做个标记,讨论下一个问题!

实话实说,我真没想为难学生。我自己写论文,其实也有个"默写"的过程——资料搜集得差不多了,想要动笔了,先拿个本子,从论文第一部分开始划拉一遍,能写多详细就写多详细。如果能从头到尾把论文默写一遍且思路没有卡住,那么就可以动笔了。但如果感觉提纲列得很"涩",那么,再去看资料,重来。实际上,也正是由于我感觉这个方法对我而言相当有用,我才用同样的方式要求我的学生。

那么,"默写"这个方式好在哪儿?其一,能保证论文提纲直面主题,不至于写出来一堆废话。其二,能保证自己"成竹在胸",而不是想到哪儿写到哪儿。相信带过毕业论文的导师们都曾经被那种天马行空的论文给气到过。其三,把提纲安排好了,写作的时候就可以专注于细节了。比如,我的提纲可能仅仅粗略地列到二级标题,下面简单地标注"某某案——管辖权问题",在具体写作的时候,我的脑子里只需思考"如何把管辖权写明白"就可以了,其他问题反正有提纲呢,忘不了也不用考虑。省心!

综上,强烈建议写论文的同学们,在去找你导聊论文之前,先自己拿张纸列一遍提纲,或者愿意写电子提纲也可以。咱总得先说服自己,再去说服你导,对吧?

写论文前请默念：
我的读者"又懒又笨"！

爬树鱼

前几天，某同学拿了篇论文给我看，我的第一感觉是，自己的智商不够用，亟待充值。因为，看不懂！对话如下：

我：来，咱们看看这段，这是我国立法，这是日本立法，这是英国立法。你的资料整理得够充分了，但你为什么要把这三个国家立法都列举在同一段啊？

小朋友：因为，我这段要论证三种立法例都强调了比例原则！

我：哪儿呢？这段前五行，就是"例如"这两个字之前，"比例原则"这四个字在哪儿？

小朋友：老师，我需要写吗？我写"以下立法具有高度相似性"不行吗？

我：不行，你不写我怎么知道"高度相似性"就是体现了比例原则呢？来，咱们继续看，我国立法哪里体现了比例原则？

小朋友：这里。您看这个第二款，它明明写了"仅限于必要信息"。

我：那么，你为啥不强调"必要信息"是对比例原则的要求?

小朋友:老师,我觉得审稿人的水平都很高啊。我把"必要信息"这四个字放那儿,他们就肯定知道这是比例原则。

我:……好吧,我教你一个写作技巧。下次写论文之前,请默念三遍:我的读者"又懒又笨"!

这句话是啥意思?当然不是在污蔑论文审稿人和编辑都是闭着眼睛审稿,而是想说明一个写作常识:你写得越明白,论文的可读性就越强,论文过审的概率就越高。所以,一定要在假设"你的读者需要你把这个问题掰开了揉碎了讲给他听"的基础上开始动笔,而不要希望读者能从原始资料里自行总结出结论。现代社会都讲究高效率,所以你的读者多半很懒。如果扫一眼某个段落却发现这段根本没有主题句,你的读者就很可能懒得自己去分析这段说的是啥。咱们毕竟都是碳基生物而非三体人,无法通过脑电波直接沟通彼此的用意。所以,哪怕你的原材料都整理得妥妥当当的,你的读者也希望你清清楚楚地告诉他,你用这个材料论证的到底是啥。

那么,具体咋做?说起来很简单,这事儿是有模板的。

一方面:写主题句。论证段的段首第一句必须直接揭示主题。比如,"纵观各国立法,在某某问题上均强调比例原则",这是主题句,但"纵观各国立法,对某某问题的规定高度相似"就不太合格。

顺便说一句,如果论文的一部分中有两个论证段呢?主题句还得起到承上启下的作用。比如,如果第一段的主题句是:"纵观各国立法,在某某问题上均强调比例原则。"那么,第二段的主题句就可以是:"除比例原则之外,各国立法的共性还在于举证责任分配。"——这是递进关系。也可以是:"同时需指出的是,尽管'比例原则'已获得国家间共识,但对于何为'必要',在国别司法实践中却存在细微差异。"——这是转折关系。这么写,总比第二段的主题句写成"纵观各国司法,对于'必要'的理解存在差异"清楚多了!后一种写法,很可能让法律基础稍弱的读者开始嘀咕:这个"各国立法"和"司法"是啥关系啊?相抵触?还是司法违逆立法?

另一方面:论证句要夹叙夹议,而非单纯堆砌资料。

举例:根据我国《民法典》第 1035 条的规定,"处理个人信息的,应当遵循合法、正当、必要原则",此处的"必要"一词,就是比例原则中"必要性"要件的再现。

此种写法的模板是:某资料+体现了+要论证的某一论点(的某一关键词)。

咋样,不难写吧?

老师，我写论文老"回车"是咋回事？

爬树鱼

某学生问我："老师，我正在写毕业论文，写得很抑郁！"

我：咋了？卡了？

学生：不是！我写完第三部分了，但现在感觉第二部分写得烂透了。逻辑不对！我想删了重写！但又很心疼啊。第二部分五千字啊。

我：嗯……你是没列提纲吗？

学生：列了！我哪敢不列啊。提纲列得好好的，我感觉自己想清楚了，但写起来发现不是那么回事！这是不是因为我驾驭不了这么大的文章啊?

我:也不一定。你的提纲咋列的?

小朋友:就是先列一级标题,然后再列二级标题。二级标题列完之后就动笔啦。

我:好吧,"回车"这事儿不怪你。我知道咋回事了。

以上对话为虚构,但"想得挺好,一写就糟,甚至想删掉"这事儿却是挺常见的。那么,究竟为啥"一落笔就发现不是那么回事儿"?原因很简单,人脑的直觉往往会快于论证的逻辑。举个简单的例子,看侦探小说或者刑侦剧的时候,很多人都会灵光一现:啊,张三肯定是凶手!但如果让他按照已有线索组成证据链,他能提出的理由很可能是:"我觉得张三鬼鬼祟祟地出现在犯罪现场附近,可疑!""我觉得张三回答李四问题的时候神态不是很自然!"但他就是提不出来"张三的不在场证据是假的。南城酒吧视频里那个人影不可能是张三,至少步态完全不同"。

前一种"逻辑",实际上仍然是直觉而非逻辑。例如,"鬼鬼祟祟"完全可能不是由于张三干了坏事,而是由于张三胆小,害怕被犯罪分子看到。但不幸的是,很多人列提纲时秉持的"逻辑",就是前一种直觉。而后一种"逻辑",即能用完整证据链贯穿你的主张的,才是真正的、写论文需要的逻辑。咱们写论文需要一步一步推导,每一步都能和上下文完美衔接,但在列提纲阶段,很多学生架构起来的逻辑,很可能只是自己的模糊印象。

我举个例子,有的学生的论文提纲很可能是这样的:

二、我国"告知—同意"制度的瑕疵

1. "告知"过于随意
2. "同意"缺乏真实的意思表示
三、欧盟"告知—同意"制度的比较法研究
1. 欧盟法上的"告知"
2. 欧盟法上的"同意"

咋样,看上去没问题吧?

但当作者写到第三部分时,他很可能会惊悚地发现,欧盟法上的"告知",其实和我国立法中的"告知"的规定完全相同……然后,作者就开始怀疑人生:如果欧盟立法也是这样的,是不是我就不能说中国法的"告知"规定太随意了?不行,我要回头改写第二部分!

这就是一个典型的"没有完整论证就动笔"的例子。而且,如果你在提纲阶段问这个作者:"你真的看了欧盟法吗?"这位作者很可能会理直气壮地回答你:"老师,我没看。但我印象里欧盟法是很先进、很详细的!应该比中国法科学!"

那么,以上问题怎么解决?答案其实也很简单:备好原材料再炒菜。提纲当然可以列,但我通常建议,在列提纲的同时,把所有要用于论证的原材料复制粘贴一份扔到提纲下面去。提纲列好后,拿着提纲再从头到尾顺一遍逻辑,感觉所有的资料都"充分且必要"地支持了自己的观点后再动笔!

毕业论文答辩：
论文陈述的正确姿势

吉大秋果

陈述不好很减分的呦！

无论是哪所学校，无论是哪一级别的论文答辩，都需要作者对论文进行介绍，简称陈述。陈述到底应该怎么做才正确？或者说陈述到底做到什么程度才能不让评委对你产生兴趣。很多同学在陈述的过程中，习惯去介绍自己的论文框架，比如，第一章、第二章、第三章……如此一来，十几分钟的陈述很快就被填满了（其实是浪费了）。为什么这么说呢？

首先，你的论文早就发给了各位老师，老师们早就阅读完了,文章的具体内容已经知悉,你没必要在这个时候重新陈述,浪费彼此的时间。

其次,论文本身就是议论文,议论文最重要的是论点、论据和论证,而论点、论证必须围绕问题的提出、分析和解决。所以陈述最应该做的是告诉评委:我研究的问题是什么?我对这个问题的结论是什么?我是怎样得出这个结论的?而且在陈述的时候还应该言简意赅,最好用1、2、3来条分缕析地呈现。毕竟,如果学生在陈述的时候没有层次,那么听众听起来也没有章法。

昨天答辩的时候,一位学生直接介绍文章的章节内容,被我打断了,一下子他的节奏就乱了,于是最后他心有不甘地说,是我的要求打乱了他原来准备好的内容。我也直接告诉他,不是我的要求,是论文写作的客观要求。我对学生没有我自己的要求,完全是写作本身的要求。作者在上面陈述,评委在下面直叹气。有的评委不好说,毕竟是外来的评委,碍于情面;有的评委说不明白,不知道让学生怎么陈述。但是,评委其实很难受,一来,这种陈述本身就是不符合学术论文写作规范的;二来,现代社会讲求的是效率,这种陈述其实是浪费大家的时间。评委都是身经百战而且是学术小有所成的(博士答辩的评委都是大咖),很不喜欢听这种没有营养的,甚至浪费时间的陈述。

像我所在的学校每年会有大量的学术讲座等各种资源,但是很多语速慢、信息密度低的讲座都会让我觉得浪费时间。有些讲座,讲座人很好,但因为是针对学生的,所以难度就会低,信息密度也低,还不如回去翻看一下讲座人的文章,十几分钟就能看完,或者上网找一下之前的讲座资源,用2倍速看完。所以,今天从评委角度给大家呈现一个真实的状态,重视陈述,遵守写作的规范,提炼出重点(问题、结论、前提),给评委一个直观的好印象。

毕业论文答辩：
有料就好好说，没料就简单说

吉大秋果

别把评委当傻子，要认识到自己是个啥状态！

论文答辩的学生就分两类：有料的和没料的。有料的就是有点真才实学的，至少懂点。没料的其实就是指理论基础不行，解决问题更不行。但是碍于毕业论文又是最后一个环节，而且是必经程序，所以必须参加答辩。基本上，答辩组不会轻易让学生不过，哪怕这个论文写得很烂，不毕业很麻烦，再者导师那关也不好过，毕竟学生毕业了，指导教师还是圈内人，总还是能遇到的。在这个基础上，需要学生明确自己的定位，清楚自己写作的实际情况。真的解决了一个好问题的,就单刀直入、开门见山地指出问题、结论、前提。如果真是自己都没有搞清楚自己解决了个啥问题,基础知识、基本概念都存在问题的,就心领神会别互相为难,简单说说,最后以自己研究还不够深入,以后会加强研究收场。

最要命的一种学生就是,明明自己研究得不行,还大刀阔斧、侃侃而谈,给评委普及一些乱七八糟和想当然的东西。有些评委按捺不住,让简单说,结果学生还是抑制不住表达欲望,而且还是一些自以为是的内容。有些评委直接打断给暗示。比如,这个问题你再思考思考,意思是不要再说了,你这个不对。但是无奈学生接不住,还要继续谈。所以,这种情况下最好的办法就是,控制自己的表达欲。

其实,学生的心态我也能理解,一方面自己做了一些"研究",觉得自己努力过,毕业论文答辩是自己的高光时刻,必须展示;另一方面总是担心老师没听懂自己的意思,总想多输出,做加法。一般而言,一方面,学生觉得自己努力的,通常都有夸大的成分;另一方面,很多学生其实不懂什么是研究,搞懂了一些基本信息、概念就觉得是研究了。其实研究是攻克一些难题。从我参加答辩这么多年来看,无论硕士还是博士,基本上其学术研究都属于练习阶段,硕士毕业论文、博士毕业论文都是习作,写得好的极少,没啥好输出的,更没必要觉得论文是自己的"高光时刻"。其实,很多学生只是把毕业高光和论文高光弄混淆了。你能从学校毕业确实是一个值得纪念的人生时刻,但是你的论文就算了吧,放过评委。要对自己心里有数,对自己默念:"我的论文是习作,习作,习作……我要是能说出问题、结论、前提,我就说,不能说我就尽量听着,别给评委讲课……"

再说一句,尽管我做主席的时候也会让学生按照问题、结论、前提陈述和回答问题,但事实上,很多人对于论文写作要解决的问题长啥样都不知道,他们通常把自己要做的事情当成问题,根本就没有问题意识。毕竟这些写作的基本常识和要求是日积月累的,不能期待在答辩的时候解决。

为啥答辩完之后,大家都蔫蔫的?

爬树鱼

预先说明:本文只针对硕士生。

本科生答辩之后往往很兴奋,因为本科答辩对本科生的理论研究要求没有那么高。博士生答辩之后往往也很兴奋,因为相当一部分博士生在答辩时是"问不倒"的。只有硕士生,往往是哆哆嗦嗦上台,被问了十个问题后,发现有八个问题不会回答,然后以"我回去再研究一下"结束答辩,坐回去之后掏出手机给自己导师发个信息:老师,我答辩完了,我感觉自己很菜……

那么,为啥硕士生答辩过后,往往都有一种"我很菜"的感觉呢?

原因一:你对面的老师们真的在认真问你。对于本科生小朋友,老师们很可能会故意问几个容易答的问题,比如"你认为中国究竟承不承认时效取得制度"。这种问题的特征是,往往有标准答案,只需要回忆一下即可;或者没有标准答案,但只需说明观点即可(如,你支不支持废除死刑)。但对于硕士生,尤其是三年只学习法学某一分支的学硕,老师们往往会认认真真地问几个有点学术价值的问题,比如,你认为死刑存废问题反映了法理学的什么争议?这个问题不一定有标准答案,同时还需要一定的知识储备才能有理有据地论证。于是,有的硕士生就慌啦。

原因二:你的论文其实并不能完美地解决你要论证的所有问题。在我自己读大一的时候,教我法理的老师就曾说过,"同一个题目,可以写本科毕业论文,可以写硕士毕业论文,也可以写博士毕业论文"。从这个角度来讲,一篇硕士论文,写完你想论证的东西其实真不够……当然,我们不能排除,真的有硕士论文选择了小切口进行深挖掘,但这样的论文确实不多。绝大多数的论文,都没能完美且彻底地解决论文第一部分所提出的问题。而这个"问题",你对面的老师恰好能发现。所以,来答辩的硕士生就会突然在答辩时发现:我的论文有漏洞!

原因三:有的学生不大适应大场面,一到回答问题环节就慌!某些学生是打过辩论赛的,可能比较熟悉现场问答;但大多数学生,实际上并没有和别人争论过专业问题。甚至还有少数学生,跟导师请个假都得做十分钟心理建设。这部分学生,答不上问题未必是因为菜,也完全有可能是因为不善言辞。

写这篇文章,当然不是建议硕士生以一种"无知者无畏"的心态前去答辩,或者以一种"输人不输阵"的气势和老师们大吵一架。本文的目的其实很简单:请参加答辩的同学们不要紧张,你对面的老师们没指望你啥都能完美地回答出来,你会啥说啥就行。毕竟,咱们考试都是60分而非100分及格,谁又能说自己一定是完美的呢?

我用看病给你解释
论文写作的结构和思路

吉大秋果

最近在指导博士生写作,也参加了博士预答辩,总体感觉就是学生对论文写作应该具有的结构和思路都不清晰,而且很难跟学生解释明白。于是,我想用一个不那么学术的方式向学生解释论文是什么,问题意识是什么,论文应该按照什么样的逻辑展开。

首先,我们强调写论文要有问题意识,也就是你要解决一个什么问题?其次,你对这个问题的结论是什么?也就是怎么解决这个问题。第三,你得出这个结论的依据是什么?这就好比看病,张三来到你面前说他头疼,这就是一个现象级别的问题,然后你就得围绕他头疼展开研究,他得了什么病,为什么是这个病?什么导致的这个病以及怎么治?按照这个思路,其实一篇论文大纲可以表述成:

张三×××病的诊断与治疗
一、张三患的是×××疾病(提出问题)
1. 症状一
2. 症状二
3. 检查结果

(1、2、3……需要是×××疾病的构成要件,能证明张三患的是此病)

二、×××是导致张三×××病的主要原因(分析问题)

1. 原因一
2. 原因二
3. 原因三

(这里不是简单的原因罗列,这些原因是论据,论据之间必须有逻辑联系)

三、×××是张三×××病的治疗方案(解决问题)

1. 方案一
2. 方案二
3. 方案三

(这里的治疗方案完全是依据一、二提出来的,要注意不能过于宏观)

这是一篇最为普通的论文的逻辑结构,需要注意的是,你需要时刻向别人证明你的观点,比如证明张三患的是×××病,证明是要依据你所学的理论和知识,你得让人相信他头疼是偏头疼而不是脑瘤。切记不是解释,不要单纯地解释他的症状,而是将他的症状作为论据,放在×××病的理论上的识别标准里,从而得出张三患的是×××病。这个很重要,很多同学经常用解释代替论证,解释不是论证,而论文无处不论证,但凡是表达你的观点的地方都需要论证,而论证就必须要依据理论知识、标准、要素来进行。

还有一个需要注意的是,标题尽量使用断言这种包含判断的表达,而不要使用×××分析、×××对比这些表达不出你的观点,看不出你的判断的描述性的句子。比如第一句,张三患的是×××疾病,这就是断言。张三有病,或者张三头疼,或者张三的疾病分析,这些都体现不出你的判断。不要用说明性、解释性的句子,要有表达观点的判断性的句子。

师生互动篇

老师,你咋不夸我呢?

爬树鱼

我自己在读书的时候,产生过这么个疑问:我导师咋就从来不夸我呢?

我和我导师之间发生过这么一段有意思的对话。

我博三那年,刚刚在导师的监督之下战战兢兢地给研究生讲完一节课。

导师:某某啊,表扬你的话就不多说了,关于你刚刚讲的课,我有三点意见:第一点,你一定要注意塑造学生的自信心,要多夸夸他们。哪怕学生们的回答只有一半正确,也要及时肯定他们答对的部分……

我:老师,那您夸我几句就不行吗……别一上来就是三个缺点……我后背的汗还没干透呢……

其实,导师对我挺好的,只是,他从来不夸我。而且,据我观察,同样不夸学生的导师也不止他一个。我偷窥过某同学的导师写的论文修改意见,第一行:"优点不说了,先说缺点。"然后,下面整整三页都是缺点。

工作之后,我试着分析了一下我导师为啥不夸我:

(1) 可能他老人家就是一个超级严肃的人。毕竟,我不止一次看到导师在北京 30 多度的大夏天穿西装打领带,而且衬衫扣子永远扣到最上面一颗。他能提醒我要夸学生,说明他至少有这个意识。不过,需要时刻记着"我得夸夸学生"的人,八成也会忘记这个学生得夸。

(2)可能我读书的时候跟导师比起来,段位的确太低,以至于他感觉我的优点其实都不值得夸,好比你不会去夸你十岁的弟弟今天居然没有流口水!

(3)可能他觉得我神经强健,不鼓励也不至于被打击到郁郁寡欢?

(4)其实还有一种可能:导师比较害羞,不大好意思天天把"你真棒!"挂在嘴边?

不过,不管咋样,哪怕读博期间几乎没有被夸奖过,我还是顽强地毕业了,且在工作当中养成了"及时肯定学生们的优点"的良好习惯。当然,和我导师"严肃学术男神"的形象不同,我估计我在学生眼中的形象应该是:啊,这位是博士刚毕业?

那么,我把自己博士生涯几乎没被夸过的经历搬出来,目的究竟是啥?

其一,鼓励一下从来没被导师夸过的小朋友们,千万别和其他导师的学生去比较。也许,你导师从来不夸奖人的原因就是上面我猜测的四种之一或之几呢?其实,别说导师了,我亲爹也从来不夸我,连我切个土豆丝都会抱怨切得太粗。这么一想,你会不会感觉心理平衡一些?

其二,相信自己,一定要相信自己。没被夸过的学生不一定是差学生。

其三,写这篇文章,当然也不是让读者小朋友逆来顺受,咱们得就事论事,具体分析"经常被导师骂"这事儿究竟是因为啥。如果你遇到的不是那种极少数的动辄上升到人身攻击的导师,除了被骂一顿心情很不好,如果你对导师说的内容还是很认可的(比如我现在真的学会花式夸学生了),那么,还请尽量把感情和理智区分开来。咱们都是宁可要一个"骂我一顿但肯给我论文修改意见"的导师,也不愿要一个"不骂我但也不理我"的导师,是吧?

老师,你为啥不待见我呢?

爬树鱼

之前写过一篇文章《老师,你咋不夸我呢?》得到了强烈共鸣。看来读书时被导师进行挫折教育的学生还真不少。这次的帖子,是从相反的角度来写的,是不是也有学生有这样的疑问:老师,你为啥不待见我呢?

那么,具体啥叫"不待见"?我来给你模拟几种场景:

场景一:学术降维攻击。

导师:某某啊,你这论文写的都是啥?中国合同法的通过,根本不是这个背景!你问我咋知道的?你导师我就在现场!

场景二:面向未来的预言式打击。

导师:某某啊,怎么让你讲个课,你那么多口头语?一般来讲,说话说不清楚的人,头脑也是混乱的。你这个样子,毕业了可咋整啊……

场景三:针对个人素质的无差别攻击。

导师:某某啊,你看你穿的都是什么衣服?你是个淑女,一定要买几件质量非常好的衣服,可以穿十年的那种……

场景四(不待见的最高境界):无视之。

(师门圆桌会议中),导师:小张,你来谈谈对这个问题的看法。

小张回答完,导师直接瞅向右边:小李,你继续谈一下……

是否觉得是你日常生活的写照?那么,我再多问一句:你有没有想过,我为啥能写出来四个场景?答案很简单,因为,我就是这么被导师不待见到毕业的,尤其是场景四!

可是,我导师真的不待见我吗?真不是,我们师生间关系非常好啊,至少我单方面这么认为。至于导师是否觉得此学生油盐不进且屡教不改那是另一回事了。那么,你想不想听听我是怎么做到自动过滤攻击且对导师大人心怀感恩的?其实也很简单啊,只要学会有重点地听就可以了。

具体怎么做?

再举个(纯虚拟的)例子(我导师没这么凶,真的!):

导师:某某,我说了你多少次,中文也是有语法的,你看看你这个句子,一句话三行,结果连个主语都没有,我读了头都疼!还有,你这段写的是啥啊?我怎么不知道北美自由贸易区比欧共体还自由?再胡说八道,我看你小论文能发到什么杂志上……

某某:好的,老师,我明白了。第一,我把这个句子改短点,保证主、谓、宾一个都不缺。第二,北美自由贸易区这句话我加个脚注,强调一下这是在什么场合下的结论。您看行不?

导师:行,你回去吧。

咋样,不难吧?

同学，你是在写毕业论文还是在逗我？

爬树鱼

年年改毕业论文，年年看大学生们花样出状况。

（1）不要再告诉我，你想写"关于正当防卫的若干问题研究"了！这种题目明显是二十世纪八十年代的风格啊。为啥？那时候法学研究刚刚起步，随便研究点啥都能发表。四十多年过去了，再写这么大的一个题目，你是想写成教科书吗？

（2）不要来问我，老师，你知道怎么自动生成目录吗？我虽然在有的课上会教学生做ppt，但我真的不是计算机老师啊。

（3）不要再发给我一个叫作"论文"的文档了！我今年春天同时批改十多篇论文，一大半学生都给我发题目叫作"论文"的文档。

（4）发提纲给我，没问题；不过，能不能发给我一个规规矩矩的传统提纲，别给我看传说中的思维导图……树状的也就算了，我凑合着看。更可怕的是章鱼型的思维导图，最可怕的是铁路网型的……

（5）不要来问我如何降低重复率，如何顺利通过相似性审查。因为，我不知道，我真的不知道。我自己的博士论文相似率是0.47%？所谓"降重"这事儿，我还从来没做过呢。

(6)不要问我"老师,我应该去哪儿找资料"了,因为,你哪怕在知网把同一主题的论文下载下来,以此为基础写上两万字都没问题。至于"某某法律找不着啊"这种问题……百度了解一下?

(7)不要来问我:"老师,您认为这篇论文的结论应该是什么?"这让我有一种考试的感觉,考的还是阅读理解+资料分析。

(8)别再在交稿截止日期前三天才把初稿扔给我了!或者说,你扔给我也行,能不能事先说服你的另外九位同学,别干同样的事儿?

(9)我的职责主要是给你修改毕业论文,捎带着解决点儿学业困惑(比如,老师,您看我到底适不适合读研?)也行,可是,关于"我刚刚失恋了没有心情写论文,您看怎样才能多快好省地糊弄一篇交差"这样的问题就别问我了。

(10)我知道,你们都好奇,我是咋看出来某一段是复制粘贴某学者论文的(这几年,直接复制粘贴新闻报道的倒是不多)。其实,很简单啊,你复制粘贴的内容,高深到连我都写不出来!

师生互动篇

导师内心独白:如果学生不能真正拥抱写作,那么写作过程就是对彼此的一种折磨!

吉大秋果

前期不想面对而迟迟不交,后期急于摆脱而一天八稿!

作为一个带学生近 10 年的、身经百战的老教师,我其实已经习惯了学生在写作过程中出现的种种情况,并能保持心态平稳,但是昨天还是崩了。在短期之内,需要同时处理10多篇毕业论文,不仅要指出他们论文中出现的写作错误,还要耐心地与他们不想面对错误、回避出现在自己身上的本质问题,总是期待一篇内容和逻辑上存在缺陷的论文仅通过老师单方面的调整就能获得新生而不需要自己付出努力的心态周旋;同时还要照顾他们焦虑的心态,怕他们顶不住压力出现啥恶性后果,和颜悦色、憋出内伤地保持说话的语调。言归正传,谈一下自己在这一轮指导学生论文写作过程中的感受——如果学生不能真正拥抱写作,那么写作过程就是对彼此的一种折磨。

在写作的最开始,我明确要求学生在寒假并且是在年前就要提交给我初稿,否则后续会没有时间修改。结果一直等到了3月初学生才陆续交稿,有的甚至一直到昨天才提交给我初稿。而且在此过程中我还和颜悦色地在群里像一个慈祥的老母亲叮嘱自己的孩子一样提醒道——再不提交就没有时间修改了,再不提交就真的没有时间修改了。群里静悄悄的,一句反馈也没有。私聊的窗口也是静悄悄的,一句反馈也没有。那一刻我跟自己说,我尽到义务了,写作这个过程,老师指导是一方面,学生切切实实地去做是另外一方面,我不能代替你做。

一直拖着不交初稿的结果就是在最后的半个月,这十几个人的稿件像雨水般密集地砸了过来,导致我有的时候一天要看3～4篇论文,并且在提出修改意见之后,这些论文还是会很快地被反馈回来,有的时候反馈的速度非常惊人,甚至我会在一天看到一篇论文的不同版本。尽管我写了无数的文章去描述在写作指导过程当中出现的问题,但是这些问题还是会反复地出现,为什么?根本的原因在于学生本质上就不拥抱写作,前期积累不够,又怠于思考,等到拖到不能再拖的时候才动笔,勉强拼凑出一篇论文提交给老师。这些论文有的还出现了一个奇怪的现象,就是明明选题和大纲在开题的时候已经被调整得很好,结果提交的初稿题目改了,大纲改了,逼迫我不得不拿出开题报告和学生一遍一遍核对初稿的大纲。这种情况的出现其实是因为按照开题报告所确定的大纲写着写着就写不下去了。遇到这种情况,其实应该停下来再阅读、再积累和再思考。但是学生采取的方式是——不对自己下手,对已经被确定好的大纲和题目下手。后期老师对论文提出修改意见之后,除了有一些小的问题可以通过短期的调整来解决,像逻辑、结构、理论基础,刚开始有问题意识后来又给写没了这种情况都需要再沉淀和再思考,一句话,都需要时间和对自己下手,不能总希望老师能够给一个速成的方案把问题解决。

　　写这篇文章没有别的意思,只是希望学生能够思考一个问题,你在写作的过程当中对写作是一种什么样的心态,希望你放下笔跟自己对一个话。我更希望的是你能真实面对你自己,问自己一个问题——你是真心地拥抱你的写作吗?从过程来看并没有,前期因为不想面对而迟迟不交稿子,后期因为想急于摆脱,恨不得一天扔给老师8个修改稿。这些话本可以不说,烂在心里,因为论文写作本质上其实是一个学生自我管理的过程,老师的义务只是从旁协助。都是成年人，自己对自己的选择负责即可。但是考虑到论文指导过程仍然是教学的最后一个环节，是教学就得教书育人，就得课程思政。如果你没有真心拥抱你的写作，那么这个指导的过程是对彼此情感和意志的折磨过程。而这个过程是由于学生不想面对一个真实的自己造成的。你们即将离开学校走入社会，人在社会上打拼会遇到很多挑战和磨难，怎么走出来？只有一条路，那就是对自己坦诚，只有极度的坦诚才会无坚不摧！论文写作的过程总会过去，认真也好，敷衍也罢，最后很多不尽如人意的论文也能蒙混过关。但是老师担心的是你们忽略了这个并不令人愉快的写作过程之后的真实的"自我"是什么样的，你不肯面对你这个真实的"自我"可能在写作这个环节不会给你什么致命的打击，顶多让你焦虑一段时间，可是在走出校门之后，走入真正的生活，如果还是这个状态，恐怕迟早是要吃大亏的。凌晨四点起来，本来想着自己的稿子，结果还是像老母亲一样絮叨了半天——孩子，面对自己你才能强大！

拜托,我是博士生导师,幼儿园级别的问题就别问我了!

吉大秋果

你问问题我欢迎,但是你要先扪心自问,
这个问题真的需要老师给你解答吗?

每年4月是各大高校毕业生提交论文的日子,那么春节期间其实是大规模修改学生论文的日子。我前几天收到了学生的稿件,有错别字和参考文献等形式问题,直接将修改意见返回给学生,结果学生提交的第二稿、第三稿仍然有形式错误,于是着重要求学生加强对形式错误的审查。学生不死心,和我说:"老师我看已经没有问题了,要不您给我指出哪个字错了,具体哪个参考文献的形式有问题。"我按下心中的不快,淡淡地说,学院网站上对于论文形式有非常明确的说明和指导,请按照要求自己对照检查。

本以为这个事情已经结束了,结果过了一阵子,学生发来微信说,法学院网站上并没有找到,希望我提供给他。我回复:自己的事情自己做……比这还离谱的是,问我的邮箱是什么。我会回复他,法学院网站上都有,自己检索。接着他还要问:老师,法学院网站是……虽然这种学生是个别的,但是总有一些学生每天用这些低级的问题折磨着老师。

前几天,几个老师年终聚会,说到下学期上课,大家一致觉得头疼:现在的学生,下课基本上就会过来围着老师问问题,有时候中午放学不让老师走,也不让老师吃午饭。还有的学生半夜11点想起什么事情就要打电话问老师。本来问问题无可非议,老师回答学生的问题也是本分和职责。但是有时候这些问题让你感到啼笑皆非,甚至愤怒……

经过思考的有价值的问题基本没有,大多数问题都是关于基本概念、基本定理的,这些基本的问题其实通过仔细阅读教科书、上课认真听讲就能够明白,即便弄不明白,也可以通过课后多阅读、多检索和同学多讨论将这些问题弄清楚,完全没有必要跟老师在课间的十几分钟内争论来争论去,也没有必要中午大家都不吃饭,饿着肚子讨论一些基本概念没弄清楚引发的基础问题。

作为教师,我们深知学生提问意味着学生思考,而且我们也鼓励学生提问题,只有在提问的过程中才能加深

师生互动篇

对现有知识体系的理解，甚至是质疑，从而创造出更加先进的知识体系，推动整个知识体系向未知领域发展，从而推动人类社会进步。这就是所谓的批判性思维，这对自然科学和社会科学同样重要。

但是，前提是问什么样的问题。我们欢迎具有探索性、思考性、开放性的问题，而那些关于基础知识、基本概念的问题，其实自己就可以解决，没必要跟老师探讨。也许很多人会认为我这个观点不重要，我在这里重申一下，大学的学习除了课堂讲授、实践，还包含着自学、自己探索的部分。本文只是想提示学生，要积极激发出自己对知识体系的自学能力和对未知知识的自我探索能力，而不要一遇到问题就不分青红皂白地跟老师较劲。

写到这里，也许很多同学会问：那么什么样的问题我能问老师？我综合我们几位老师总结的意见反馈给大家，在问老师之前，你需要问自己几个问题：①你要问老师的这个问题，你自己通过多阅读几遍教科书和参考书能不能解决？②你要问老师的这个问题，百度能不能帮你解决？③你要问老师的这个问题，你的同学能不能帮你解决？如果以上都不能，那么恭喜你，你可能遇到了一个真正的问题，需要老师跟你一起探讨。

此文并不是想回避老师的职责，只是希望学生能拥有探究式学习的能力，并且将老师这块"钢"用在刀刃上。

论文写作不能啥事都指望老师，老师只能提供判断和方向指引！

吉大秋果

你需要做，老师需要提供判断和指引！

这一个月一直在处理各种答辩，大四、研三和博士毕业生的处理完了以后，还要处理研二学生的开题。在开题的过程中有一个学生问我："老师，我接下来应该怎么论证这个问题呢？"我回答说："这个问题你得自己解决，解决的方式是通过看文献和不停地思考。"学生继续问我："老师，你不能提供一点思路吗？"我笑一笑说："且不说你们是法律硕士，可以广泛地选题，并不局限于我的专业——国际法。即便你在国际法范围内选题，我的研究方向也只是国际法范围内一个很窄的领域，所以你的选题不见得就是我擅长的东西。即便是我擅长的，那也是我擅长的，我擅长是因为我研究过、积累过和努力过。你要想变得擅长，你需要自己努力、积累和研究。所以对于这个问题最好的方式是你自己通过大量的阅读、分析和思考形成一个解决问题的框架；或者宽泛一点说，你通过大量的学习形成一个写作框架，你带着这个解决问题的框架或者写作框架来问我这个东西是不是可行的。我的作用其实是对你思考得出来的阶段性成果进行判断。比如说，我会判断一下你解决问题的框架的可靠性，判断一下你的论证框架是不是成立的。我判断这个东西的前提是，我通过跟你交流，问你问题，看你对这个问题的理解能不能说服我，而不是我天生就具备了这方面的知识，能够直接判断出这个框架是否行得通。"

我之所以把这个问题写出来，是因为很多学生都问过我类似的问题。他们认为指导教师是无所不能的，当他们没有问题意识的时候，他们就可以问老师要一个问题甚至一个题目；当他们论证不了这个问题，也就是分析不了这个问题的时候，他们就可以从老师这儿获得一个论证框架；当他们无法获得结论的时候，他们甚至可以从老师这儿要几个解决问题的方式。这种想法是完全错误的，无论是选题，也就是形成问题，还是分析问题和解决问题，对学生而言都是一个学术训练的过程。这个过程是不可逾越的，也不可以找别人代替完成。学生只有经过这些必备的学术训练过程,才能收获相应的思维和技能,这也是毕业论文写作环节设置的培养目标,你根本就不应该依赖老师。

还有一个是我上文提到的原因,指导教师通常会有一个自己固定的研究领域或研究方向,这个研究领域通常都比较狭窄,而现在的学生又可以广泛地选题。你选择的研究方向和指导教师的研究方向不一定是吻合的,所以指导教师不懂是很正常的。指导教师之所以还能指导你,原因在于,老师虽然不懂你的研究方向的具体内容,但是知道如何指导你进行写作和科学研究。指导教师在你进行大量的阅读和思考之后,可以对你在写作过程中形成的思考进行判断。也就是说,指导教师虽然不懂你研究的东西,但是通过对你的论证框架、写作思路的考察,可以判断出你的东西是不是可靠的,是不是可以继续写的。

所以,同学们你们明白了吗,论文写作的绝大部分工作需要你们自己来完成,完成了相应的环节之后拿到老师这儿,老师进行判断。比如在你选完题之后,要有一个开题的过程,就是老师看你选择的题目是不是可以的过程。而这个题目是不是可以,其实是需要学生通过自己的思考和大量的阅读来说服老师的。也就是说,整个论文写作的过程,其实是学生向老师不断地证明我的题目是可行的、我的论证思路是可行的、我的结论是可靠的过程,而绝不是像很多人想象的那样:我没有思路,我可以向老师要;我看书不到位,我没有结论,我可以让老师给。老师的作用绝大多数集中在判断上,具体的工作还需要学生自己来开展。

论文答辩中老师的各种隐晦用语

吉大秋果

（1）老师其实并没期待你能回答出他提的所有问题，他只是让你明白你这部分有问题，后续可以改进。可你却偏偏搜肠刮肚想解释这个部分没问题……

（2）当老师说"好了，是不是所有问题都答完了"，其实不是一个问句，是提示你就答到这里吧，再说也就那样了。而你却执意地告诉老师，还有几个问题没回答……

（3）当老师说"相似问题可以合并回答"，其实是提示你控制时间，而你还在滔滔不绝洋洋洒洒……

（4）当老师说"简要回答即可"，其实是嫌弃你太啰唆了，你最好能条理分明地按照1、2、3来说，而不是从一只蝙蝠说起……

（5）当老师说"不知道你注意没注意这样一篇文章……"其实是提示你，你的文献的全面性可能不够。

（6）当老师问你"你研究的主要思路是什么？"其实是想提示你别念文章由几个部分组成，而是告诉他为啥是这几部分。

（7）当老师问你"结论中有没有具体措施"，其实想说的是，你这个结论有点空，没啥操作性。

（8）当老师说"你这个选题有意义，就是可以再聚焦一点",其实是想说这么大的选题是你能写的吗?

(9)当老师说"你这个论证可以再深入一下",意思是说,理论性在哪儿?逻辑在哪儿?我怎么没看到?

(10)当老师说"这个问题回去再斟酌一下",意思就是这个部分是错的,但是不好意思直接指出。

(11)当老师说"当然这个问题我也不太懂,我的意见仅供你参考",其实是想说,问题我指出了,听不听就是你的事了。

(12)当老师说"这个问题再跟导师商量商量",意思是说,我们就说到这,就此打住吧。

你和导师谈论文？导师和你辩论

爬树鱼

我向来和硕士生、博士生讲，写论文之前，请务必先和你导师谈一谈，不要冒冒失失地动笔，全写完之后才发现选题太大或者角度有问题。于是，有位非常听话的学生，就真的跑来找我了：

学生：老师，我想写某某题目！

我：好啊，那是个很有意思的问题。

学生：老师，那你说我应该咋写？

我：……你是想让我告诉你论点，还是想让我帮你找论据？

以上交流倒不算失败，这位同学至少知道"某某题目可以写"，但肯定还有后续，因为这仅仅是万里长征的第一步。他未来八成还会再跑来和我交流。那么，一次成功的、完整的交流应该是啥样的？我某日在论文动笔前夕，就和我院某位学识渊博的教授模拟了一番。

我：某老师您好，我想请教一下，我前几天发现，我国最新 FTA 缔约当中出现了这么一种现象，而且不止一次，是两次！我想就此写一篇论文，您看可以不？（要点：我至少能概括出，我发现了实践当中的一个问题，而不是空泛地问"我国 FTA 缔约能不能写篇论文？"）

某老师:你说的这个现象我也发现了!我觉得,这事儿应该无关紧要吧?毕竟……(此处省略理由若干。)

我:真的吗?我怎么觉得,这当中会有个大坑。您看,这个现象无疑排除了联合国在处理贸易问题过程中的作用,理由是……(要点:我至少形成了自己初步的观点,即我认为这个现象可能会产生某种影响。这个观点可能和对方的观点不同,但没关系。学术允许争论!甚至可以说,有争论的问题才值得写。已经达成共识的问题千万别写!)

某老师:你预测的后果,中国在国际法律实践中已经提到了,例如,你可以去看中国在WTO的某次发言……(要点:看,新资料出现了!这个新资料完全可能是我没想到的或者完全没见过的。)

我:好的,好的,我再去思考一下,谢谢您!

以上对话,对我而言当然是成功的,因为,我至少发现了两件事儿:其一,我要讨论的问题,至少是学界必然会存在争议的。其二,我获得的新资料,能够在我既有的思路上锦上添花(当然也有可能是女娲补天)。那么,在我和某教授谈论文前,我完成了哪些准备?其一,我发现了"问题"而非简单的"论域";其二,我有自己的观点,而非仅仅对既有研究进行了综述;其三,我的观点存在证据支持,因而才能接纳和考量新证据。没有以上准备,我就不可能和别人展开论辩,所谓的"交流"也会变成我单方面地向对方索要思路和资料。对方肯给我才怪!

综上,对于从未写过论文的同学,尤其是本科生,我非常欢迎他们发现了问题就先跑来和我确认能不能写；但对于已步入研究生阶段的学生，我殷切希望，你能做到我上述的三点准备再来和我讨论。我也衷心期待和你展开一场论辩。你和我的观点交锋越激烈，我越开心！

师生沟通必备:论文写作基础知识十问十答(学生版)

吉大秋果

先把自己拉到导师的认识层面上,沟通效果更好!

1. 为什么要写论文,是为了毕业吗?

并不完全是,是为了锻炼思维。本科生、硕士生和博士生毕业都需要写论文,原因是检验一下在各个阶段学习到的知识能不能被学生用于解决一个具体问题。换句话说,之前学生上课学习的主要是知识和知识体系,写论文就是看学生可不可以用这些学习到的知识和方法解决一个具体而实际的问题。当然,写论文也是毕业的前提条件之一,但是更重要的是锻炼思维,解决问题的思维。

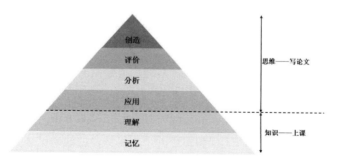

2. 写论文有多重要？

写作是最好的学习方式。能写的人在职业生涯中会占有非常大的优势。

3. 写论文都对人提出了哪些方面的要求？

写论文就是针对一个复杂问题，提供一个理由充分的判断。这需要你有知识，这是解决问题的物质基础；还需要你有思维，这是运用和使用知识的武器；还需要你有语言表达能力。因此，理论基础（知识）、思维（逻辑）、语言表达是写论文的三要素，缺一不可。

4. 写论文的要素之一——理论基础是怎么回事

理论基础是我们识别问题、分析问题的基础，没有这个理论基础，即使问题摆在你面前，你也看不出来，或者即便你看出来这是个问题，由于你的理论基础太薄弱，你也分析不出来，或者分析不到位。理论基础包含两方面：一个是学科基础知识，简单说就是你所学学科所有的教科书所构建起来的学科基础知识；另外一个就是学科具体领域的文献，包括期刊文献和专著。只有教科书的知识体系不够（这里指的是不愿意看文献就想写出论文的情况），但是只有相关文献缺乏教科书的知识体系也会很飘（这里指的是跨学科读研写论文的情况）。

5. 写论文的要素之二——思维是怎么回事

思维是针对一个复杂问题，提出理由充分的解决方案。思维是把我们的知识体系转化成知识图谱的一套工具。我们学习到的知识是根据学科体系排列的，但是现实生活中的知识是围绕问题，按照提出问题、分析问题和解决问题的逻辑体现和整合的。如何从自己的知识体系中抽取出相应的知识提出问题、分析问题和解决问题被称为思维。写论文的思维包括如下几个层面：(1)要解决一个具体问题，形成解决方案。(2)解决方案要理由充分，也就是要经过推理。(3)解决方案必须依据你的学科知识，也就是前文所说的理论性。当然思维还有具体的表现形式，比如抽象和概括、分析和综合、比较、分类。

6. 写论文的要素之三——语言表达是怎么回事

不要以为你平时会说话你就会语言表达，写论文需要的是学科表达，不是日常口语表达，背后是一整套学科知识体系和学科思维在支撑，所以不要以为你会汉语或者英语就能表达好。这是错误的。基本上，语言表达是依附于思维和理论基础的，也就是说你理论基础差，思维不好，表达一定不好。但是语言表达同时具有相对独立性，也就是说极少数人理论不错，思维不错，但就是语言表达不好，那就需要练习一下自己的语言表达。

7. 写论文和回答期末考试论述题不一样

写论文是提出问题、分析问题和解决问题，考查你解决问题的能力。通常期末考试的问答题和论述题都是考查知识点，你能把教科书里的相应内容回答上就行。但是写论文需要你用教科书里的内容(不仅仅是教科书，还有文献)解决问题。论文中的"问题"一般是 problem，是一个需要被解决的问题，对应的动词是 solve；试卷上的"问题"一般是 question，是需要被回答的问题，对应的动词是 answer。注意区分，不少学生把论文中的问题写成了 question，这是不对的。

8. 写论文的基本逻辑是什么?

写论文的基本逻辑就是提出问题、分析问题、解决问题。该逻辑在不同学科可能会有不同的表现和安排,但是其底层逻辑必须有问题、有分析和有解决方案。不要说这个东西老套(经常有人说这个东西老掉牙,是套路),这是写论文的基本底色,没有它是错误的,就像人脸有五官一样,是标配。

9. 写论文最重要的是什么?

爱因斯坦说,提出一个问题要比分析问题更重要。所以,提出问题是最重要的。你首先得有个问题,如果没有,那就继续寻找。

10. 写论文的问题从哪里来?

从文献里来,从阅读中来,从思考中来,从实践中来。问题的表现形式是一个"困扰"或者麻烦,总之没有被解决,或者是现有的解决方案没有经过优化,不友好。问题必须是具有学科标识的,不能太泛泛。这也是你的导师总让你去思考、去看书、去观察的原因。想一想,为什么苹果砸在牛顿身上,牛顿发现了万有引力,而砸在你身上……

导师最害怕的学生类型实录！

吉大秋果

人不行，事就不好干！

1. 无知且自以为是型

其实，如果学生懂得不多也没问题，可以慢慢教，只要学生听话，能跟着老师的指引走就行，慢慢都能走出来。就害怕学生本身知道得不多还认为自己知道很多，老师指东，学生往西。老师寻思往回拽一拽，结果反弹得更厉害，甚至直接指出老师说得不对，一意孤行，就是按照自己的思路一条路跑到黑。本文此处所指的是不按基本规律做事情，不听老师的，而不是在学术研究上有分歧。比如一定要有深厚的理论积累才有可能写出好文章，但是学生就是不肯专心积累。比如一定要踏实实验才能做出数据，但是不肯踏实实验，或者不按照操作规程实验等。

2. 唯我独尊的"公主病"型

有的孩子可能成长过程中环境很优越，再加上自己学习成绩一直很好，所以父母和老师一直都夸，没受过什么批评和打击，自我感觉良好，所谓的"自尊心"很强，不接受批评。但是之前的学习都是应试型的，成绩好就可以"一白遮百丑",但是写论文和跟老师互动是另外一码事,谁能一下子把写作这个事情弄好而且不用导师指出问题呢?几乎不可能有这样的神童,都是从错误中一点一点走出来的。但是这样的学生除了不让指出学业方面的错误,还拒绝导师指出学习习惯、思维方面的错误。总之,你一指出来她的问题,她不是跟你掰扯就是跟你"玻璃心",总之就是回避自己身上的问题,特别消耗人,一来二去,导师也觉得费劲,就会放弃。

3. 心力弱总需要情感照料型

此类学生可能天生心气不足,遇到什么事情都会唉声叹气,提不起精神,或者向你抱怨。你说她不听话吧,她其实很听话,会按照导师指出的路径和方向去做,但就是在做的过程中情绪上的问题比较多:今天感觉难,明天感觉涩,后天觉得好辛苦。跟老师交流的时候一边交代研究进展,一边跟老师诉苦。坚毅的性格跟这种学生没有关系。只是有一点好,还在推进工作,就是有点"费老师"。

4. 万事不拿主意的人格依赖型

在大学期间其实也有很多事情需要学生自己拿主意,去判断,老师没办法帮你拿主意,只能提供意见,帮你分析利弊得失,最后还得学生自己结合自己的实际需要和情况来作出判断。比如要不要读研,读什么专业,国内读还是国外读,读完了之后是继续深造还是找工作……有时候还会涉及情感纠纷以及家庭纠纷。有些事情不适合问老师,即便问了也要知道这是你自己的人生,谁承担结果谁就作决定是一个亘古不变的真理,谁能替谁承担责任呢？当老师的也只能分享人生经验仅供参考,参考而已,不要把这种人生大事的决定权交给别人。

5. 将老师工具化型

比如之前联系老师要读研,老师留了名额又收到学生的短信说读了别的老师的研。原来这个学生同时发很多邮件,回复的老师哪个级别高就跟谁读。还有一个学生特别有意思,要跟我读博士,说是觉得不托底,同时联系了好几个学校和好几个导师(这种情况下,老师也不会把最大的可能放在这样的学生身上)。甚至还有学生在同一专业里的老师之间瞎搅合。遇到这种情况,其实可以开诚布公跟老师谈,大概聊聊有几成可能。像选择老师这件事情,除了事还有情,你得让老师相信跟你一起努力获得一个共同的结果是值得的。结果你还没等开始努力就找好了退路,总给人感觉没有同甘共苦的诚心。考研和考博的结果都是需要努力付出才能获得的,在这个过程中充分展示自己的真诚和决绝之心才能获得与对方的"双向奔赴",总不能你随时准备全身而退,还期待别人为你全力以赴吧。人和人之间的信赖其实还是需要一些"忠诚度"的。

保护导师血压计划：
给导师提交论文初稿的正确姿势

吉大秋果

在给导师提交论文初稿时，有如下十条建议，供大家参考：

（1）要按时提交，如果不能，尽量将老师的善（无）意（奈）提醒控制在一次之内；如果超过三次，导师血压高压可能会飚到180。

（2）尽量不要有错别字，谁愿意看一篇有很多错别字的"文章"呢？毕竟这项技能你在小学就学会了，何苦在研究生阶段拿出来互相折磨呢？一是你完全可以通（不）过（要）努（偷）力（懒）消除这些错误；二是如果一篇文章错别字太多，你觉得这篇文章的质量会高吗？

值得看吗？如果错别字比例超过万分之十,导师血压高压可能会飙到160;超过万分之三十,直接住院!

（3）不要随意改变开题时确定的结构框架。这件事情其实导师能理解,但是不能接受。理解是因为你写着写着写不下去了,于是按照能写下去的方式把当初开题时与导师确定的写作框架给修改了。不能理解是因为写不下去,应该继续思考而不是偷懒改结构。仅仅在去年,我就发现五个学生中有三个修改了开题的结构,而且还是偷偷修改,以为导师看不出来!这种擅自做主且认为老师很好糊弄的举动,导师血压高压可能飙到190。

（4）确保你写的大段大段的文字你是能看懂的,如果你看不懂的话,我建议你修改到你能读懂为止,毕竟作为作者的你都读不懂,你导咋能读懂。读一篇怎么也看不懂、文法文风奇乱、前言不搭后语的文章,导师血压高压可能飙到200以上。

（5）要通过邮箱提交,不要微信提交。毕竟你导在刷抖音搞笑视频的时候,收到你的微信论文笑容会僵在那里,在毫无准备的情况下血压低压可能瞬间低于60,头晕目眩。毕竟打开邮箱之前,你可以假设导师已经作好了充分的心理准备,不会导致血压大幅波动。

（6）针对老师的修改意见改到什么程度其实不好说,但是一定控制在3～5天之内回复,毕竟半小时之内回复能把导师直接气得血管爆裂,超过一星期导师已经不记得你的论文哪儿需要修改,还得回头翻看邮件。血压不会太大波动,但是心情不会太好!

（7）千万不要说一些"手下留情""请多包涵""不喜勿喷"之类大逆不道的话，作为导师并没有资格包涵你，因为要求是教育部定的，导师就是个质检员，而且质检工作干得不好还会影响导师招生，还会影响师弟师妹毕业……

（8）千万不要问你导师，老师你的邮箱是啥、电话是多少、办公室在哪这种低级问题，这些问题在入学基础知识篇就应该解决。

（9）跟同门错开提交初稿的时间，毕竟，看一篇和看五篇给血压带来的冲击是不同的。

（10）尽量不要在重大节日、半夜三更提交初稿。

"导师制"到底是啥？
一文给你讲个明白

爬树鱼

前几天,我和今年刚刚考上研究生正在选导师的学生进行了交流。

我:"你期待未来的导师为你做些什么?"

学生:"说句实话,其实我根本不知道导师制是什么,所以完全没想法!"

事后想起来,此种情况应该还挺常见的。尤其是对于某些比较害羞的学生而言,很可能本科阶段就没咋跟老师有过接触,甚至跟本科毕业论文指导教师可能就只通过两次电话。那么,在"导师制"的研究生培养阶段,一名新鲜出炉的研究生应当有点啥期待呢?

简单地讲,导师请你吃饭、替你写论文、给你找工作——这种导师应该只活在段子里。真实的导师,在你读书期间有三个功能:带你读书、陪你写论文、教你做人。

先说第一个功能,"带你读书"可不是指"给你上课"。绝大多数导师都会有个小型读书会,有的开放给别的学生旁听,但也有的不会。读书会的内容很可能每年都会变,但通常应当是导师读过的书或者论文。读书会规模和频率视你导师有多少学生和有多忙而定,但一般来讲应该每位同学都有发言的机会(和任务)。

PS:这个读书会不是"选做题",是"必做题"。一次都不参加的同学一定会得罪你导师。

第二个功能:陪你写论文,这主要是指毕业论文。在此介绍一个冷知识:你导师是你毕业论文的指导者,也是你送审、查重、答辩的审批者。在最为极端的情况下,如果你导师对你的论文十分不满,他完全可以拒绝签字。而根据绝大多数学校的规定,导师拒绝在论文上签字学生将无法毕业。不过,此种情形十分罕见,这么多年我也只见到过一次:某学生在导师一次都没读过自己论文的情况下,直接提交送审……

毕业论文写作往往会持续一年的时间甚至更长,这个过程也是学生和导师接触最多、最频繁的时候,在此阶段(以及之前的任何阶段),你导师也完全可能同时实现第三个功能"教你做人"——对,就是字面上那个意思。比如,去参加学术会议应该穿啥;又如,不要在半夜三更给你导师发送论文初稿;再如,不要把你导师在师门小会上的截图做成表情包发朋友圈……

以上三个功能是导师制的题中之义,每个导师或多或少都会有。所以,期待找到一个"完全不来管你"的导师几乎是不可能的。不过,强烈建议正在选导师的同学们认真思考一下,自己究竟希望导师在多大程度上行使上面的职责。举个例子,想要在研究生期间努力实习的同学就不适合学术抓得特别紧的导师;想要读博的同学也不适合去找擅长接大案子的导师;觉得自己自制力不强的同学不适合喜欢"放养"学生的导师;自觉基础不好需要勤能补拙的同学也不适合耐心不够、常常担忧被学生气到心梗的导师。当然,"研究方向一致"这一点咱就不用说了,总不会有同学明明喜欢民法,却偏偏选了个刑法导师吧。

不过,以上建议,或许还是不大容易落实。有的学生可能会问:我是跨校考研,谁也不认识,怎么知道老师是啥样的呢?这问题也好办,问啊!

两种问法:其中一种,是先交代一下自己对读研期间的规划和顾虑,请教一下意向导师可否接受。比如,我就收到过邮件,学生坦言自己愿意学但基础不好希望导师耐心点儿。没问题,导师们通常也愿意和学生们坦诚交流。其中第二种问法,是直接问导师对学生有啥期望。稍微有经验一点的导师也都会对自己想要什么样的学生有个清晰的概念。还是拿我自己举例,我深知自己情商很低,所以期望未来的学生不要太敏感,不要哪天被我说了一句"这个问题很复杂,我没期待你现在能够完全掌握"就伤心半宿、万念俱灰、想要退学。

当然,以上两种方式完全可以同时进行。选导师就像合同谈判,一方不满意的话这"交易"就进行不下去。但也正如中国老话所言,"买卖不成仁义在",双选阶段不论是谁拒了谁,都完全不伤感情!

同学,你写的是论文还是散文?

爬树鱼

给刚刚进入科研领域的学生改论文时,我经常发现这么一种现象:学生很容易把论文给写"散"了,"散"到让我看完论文之后还得回忆一下,作者这篇论文究竟写了些啥啊?回忆的结果是,这篇论文,共包括三部分内容;这三部分内容是啥关系?不知道,我也迷茫着呢……

当然,我完全相信,这位同学肯定不是故意的。甚至他完全可能不知道自己把论文写"散"了。那么,一篇"散"文究竟有啥特征?

特征一:入题太慢,迟迟切不进标题呈现的主题。我曾经见过一篇论述不正当竞争的论文,大概写到1300多字,才不急不忙地写到"不正当竞争"。前面都是对于市场经济、宏观大势的铺垫。

特征二:论文的几部分之间没啥联系。论文的各部分倒是围绕同一主题进行,但是,第二部分刚刚论述了某某问题在国际上的两种立法例,第三部分就转过头分析某某问题的产生背景,完全不提上面的两种立法例,作者认为哪种更加值得我国学习……

当然,此种论述还可能有一种变体:前后矛盾。例如第二部分刚刚批判过某互联网公司垄断市场影响消费者福利,第三部分就反过来强调我国企业应当强强联合……

特征三:具体论述当中文不对题。例如,某部分的小标题是"企业海外投资会面临政治风险",但下文论述着论述着就跑到"企业海外投资融资困难"了。

特征四:文风神奇,语言"写意"。例如,描述我国个人信息保护法,某些学生能这么写:我国个人信息保护法出台了。它很科学,也很严谨。表扬它的人很多。——别笑,此种文风我在大四毕业论文当中见到过!

分析完现象之后,咱们再来聊聊,论文为啥是"散"的?究其原因可能有两个。原因之一是学生很可能没想清楚就动笔了,思路仅仅停留在"我这篇论文需要涵盖这些问题"的层面,而没有具体体到:我的中心思想是什么?我需要如何安排材料才能论证这个中心思想?哪些资料可能没法服务于这个中心,所以一定得删掉?原因之二是学生确实存在"茶壶煮饺子"的情况,心里想得很美好但就是说不出来。——这种感觉其实挺好理解的,大学期间学了二外的同学一般都理解。你试试用二外描述下"我的家乡/我的爸爸/我的理想"就懂啦。

那么,论文写成散文这种现象要怎么办呢?其实,不论是思路不清还是思路清晰但就是不会表达,对此的解药都是一副:列提纲。特别特别详细那种。最好详细到把每个分论点要用哪些证据材料证明都列出来。然后,对着提纲推敲,这个大论点拆成几个分论点全面吗?会自相矛盾吗?我的论据足够有说服力吗?通常来讲,如果提纲能详细到这份儿上,最坏的结果也不过是"表述有点儿幼稚",但说理至少是充分的。

迷茫了？
——要跑起来，在奔跑中寻找方向！

吉大秋果

光是想是没有用的，要在做中想！

最近有一个同学因为硕博论坛选题的事总是在联系我，问我这个能不能做，那个能不能做。大的方向我们还可以把握，但细致的东西其实得做起来才知道能做什么。科学研究是这样的，绝大多数情况下，是需要学生自己先把文献都读完，做完文献综述才能发现问题在哪里。很多时候我们做导师的也只能大概指明一个方向，其余就需要学生自己去探索，在探索的过程中找到自己要做的东西。这是一个规律，也符合科学研究的本质。所以，我一般会跟学生说×××方向可以做,但具体做什么恐怕你得阅读起来,操练起来才行。如果在什么都没有做之前就跑过来跟我探讨,恐怕都是纸上谈兵。说这一点,其实是想告诉同学们,很多时候我们的研究是一个试错的过程,在一片丛林中不断地摸索研究的出路。而不是像某些同学想象的那样,直接给一个确定的题目去做,或者不经过摸索就有一个出路可以去做。真正有意义的题目或者选题其实都是阅尽千帆摸索出来的,是不可能在事先就确定的。除非那些很重大的但始终没有突破的开放性问题,比如芯片问题。

在生活中也是如此。人生的道路大概分成常规道路和个性化道路。上学、念书、读大学、工作、结婚……这些是常规的,但还有一些个性化的,比如自我实现的方式、自我实现的路径以及自我实现的场域,这些是没有参考的,你只能自己摸索。很多学生会有困惑,他们也会问我,将来我从事这个工作怎么样?或者我想尝试那个工作怎么样?我能从事文学创作吗?我能从事自媒体运营吗?没什么能还是不能,关键是事物运行的规律是你想做什么,你得先做上才知道能不能做,以及在这个领域中怎么做,以什么方式去做。

很多时候,学生上了博士就会很困惑,自己应该怎样做才能博士毕业,做什么方向,做什么选题?针对这种状况我能给的建议就是,要先做起来,每天按部就班地阅读、整理和积累,在做的过程中就会慢慢找到规律、找到这里面的关系和构造,进而找到自己可以深入进去的点。而不是每天坐在那里就是想,光是想是没有结果的。结果是在做的过程中思考才有可能出现。所以，先跑起来，然后在奔跑的过程中寻找方向。

很多工作的学生有时候也会找我聊天，他们多半都是在现有的路径发展上遇到了天花板或者瓶颈，一般他们就希望我能给他们一个直击要害的建议或者是一种灯塔级别的指示。这是不可能的，在这种情况下谁都不可能给谁一个确定的目标以及一个确定可靠的实现路径。能做的只是尝试，在尝试的过程中去寻找可能突破天花板或者瓶颈的点。

为什么写这篇文章呢？好多同学在学业上遇到了困惑，他们总是不知道自己的目标在哪里，也不知道自己应该干什么。好多身边的同事在事业上遇到了困惑，可能也想突破自己但是却不知道目标在哪里，如何下手。对于这样的状况，其实我也遇到过，想是想不明白的。只能做起来，边做边观察，边思考。比如在2017年我也很困惑，在痛苦地思考转型以及如何转型的问题。没有什么太好的解决方式，那就先把手头的工作继续推进，尤其是写公众号，写着写着就会有读者留言、反馈，写着写着就发现了很多问题，于是就围绕这些问题继续深耕。其实在几年前，我也不知道今天会从事教育研究，也不知道公众号能做几天，也不知道今天自己会变成这样。而且目前我也面临困惑，想是想不出来应该怎么办的，能做的就是顺应现在的趋势，把手上能做的工作做好，剩下的就是顺势而为。总之，你需要先跑起来，在奔跑中寻找方向。根本不存在想象中的可以在奔跑之前就能把一切都确定好，按部就班做就可以的事情。这世界上唯一确定的就是不确定。

为啥你都看书了，你老师还是不高兴？

爬树鱼

讨论标题的这个问题之前，我先给大家讲个真实的故事：

某老师和我抱怨，自己的学生不看书。我说这好办！我给你支个招，你只要跟他们说"写论文去"，你的学生保证一个个都会回复你：老师，我正在忙着看书！

当然，以上纯属说笑。但这也能够反映一个客观现实：比起读书，不读书肯定更舒服。但比起写论文，读书肯定更舒服。所以，"两害相权取其轻"，如果老师要求写论文，那么肯定要说自己正在读书！不过，从导师尤其是博导的角度，我也不止一次听到过另一种抱怨："我这博士生都二年级了，一篇论文都没有！一问他干啥呢，就说在读书,在读书。一本400页的专著能读一学期,期末一问还是啥也不知道!"这其实反映了另一个问题:读书比写论文舒服,但,光读书没产出,也足以让你老师闹心。据我观察,此种闹心共有三种原因:

其一,这个学生是"真不写",一点写的动力都没有。天天抱一本书从博一读到博三,结果自己名下什么文章都没有!这种佛系学生固然少见,但我的确见过。

其二,这个学生是"不会写"。"不会写"区别于"真不写"之处在于,"真不写"是不想,"不会写"是想写但根本不知道从哪下手,于是诉诸放之四海而皆准的方法:先读文献吧!然后,读一篇,觉得人家写得真好,这个主题自己不用写了;再读一篇,觉得虽然和上一篇观点针锋相对,但居然也很有道理,这个主题自己更不用写了……

其三,这个学生是"觉得自己不该写"。这也是我见过的最神奇的情形——想写,但总感觉自己得积累够了才能写!这个"积累够了",可能是"我得把这个领域完全研究透彻了",也可能是"我得形成超越此前所有研究成果的独树一帜的理论",但不论如何一定不是自己现在这个状态。于是,从博一到博三,这名同学就一直在积累中。

咱就说说,以上哪种情形,当导师的不闹心?

当然,本文绝对不是说博士生不该读书,但这书得有目的地读,或者说得"读读写写"。或,哪怕真的认为自己现在学术水准不够,一边读书一边写文献综述总可以吧?相信我,哪怕你能拿文献综述去给你老师看,他也会对你放心不少!

你导师为啥总催你？

爬树鱼

读博士总得有个导师,有了导师就不免总是被催。有的导师比较佛系,可能就只有开题、预答辩这等大事儿记得住催自己的学生;可也有的导师比较容易焦虑,平时恨不得每周催学生一次,比如一年级催写小论文,二年级刚开学就催选题,二年级下学期刚开始就催开题报告,三年级刚开学就恨不得拿到学生的博士论文初稿……有的同学就被催得焦虑了:不是还有小半年嘛,催啥?

其实,我自己也是很喜欢催学生的那种导师,而且属于恨不得从开学就催的那种。比如三月份一开学就在师门群里发本学期规划,例如四月份一定选好题目,五月份给我开题报告,六月份开题答辩!至于为什么这么安排,我从导师的角度来分析一下。

首先,真不是我不信任学生,而是,学生们大概率会在未做一件事儿之前低估其难度,比如认为"我读一个星期文献就一定能选到好题目"——直到开始动手做,才会突然发现,我千挑万选的题目,早在一年前就有3个学姐写过了!或者,我没想到,这个领域的文献如此之多,仅2021年一年就发了108篇论文,根本看不完!换言之,我催你,是因为我在此领域是有经验的,知道某项任务大概率需要多久完成,或者说平均水平的学生至少大约需要多久完成。

其次,被我催这种焦虑,往往要弱于 deadline 将至那种焦虑。我催学生的稿子,方法往往是"目前遇到什么困难了,需要帮忙吗?"而学院 deadline 将至的催稿方法,往往是"开题报告不交的话再等一年啊!"换句话讲,有问题及时讲,千万别等到交稿子前夕!

最后,我自己不是拖延症患者,我也希望给我的学生们培养做事有规划的好习惯。其实,在高校做事,拖延症患者应该都会很痛苦的。一方面是因为,科研考核现在都是以三年为期限。拖延症患者难道要等到第三年初才开始写论文吗?另一方面,啥事都要等到最后一秒钟完成的人,往往会发现,在最后一秒钟到来之前,一定会有一堆意想不到的障碍冒出来。比如,电脑出故障了;比如,能给你盖章的那个校领导不在……所以,一个合格的高校教师应该都不会有严重的拖延症。而且,我也完全相信,未来不论你是在法院、检察院还是企业工作,应该都是如此啊!因此,有拖延症的同学,我衷心希望你能在读书期间养成做事有规划的好习惯。

综上,一句话,我催你,你别抑郁!如果不想被我催,怎么办?你反过来催我啊。放心,如果你早早弄完小论文然后催着我给你改,我保证不嫌烦。我还会出门去到处吹嘘:我收了个好学生!

学术不能自理型研究生实录

吉大秋果

论文写作是一个复杂的综合性工作,所以比较难。但是在这个复杂的综合性工作中也不是所有的东西都复杂、都难,只有某个特定部分是很难的,其余工作其实都是基础性的写作知识,通过自学甚至稍微检索一下都可以攻克。

这就涉及导师和学生之间关于论文写作的分工问题,我们先说一下论文写作都包含哪些工作。首先,论文写作包含专业知识的积累;其次,要求学生有一定的逻辑能力。某种程度上说,论文是专业知识和逻辑能力合作的产物。进一步解释一下,论文写作就是针对一个问题,考查学生用学科知识解决这个问题的能力,解决问题需要逻辑,这部分也比较难,需要导师进行指导。注意,这里面也只是指导,也就是说老师是教练员,根本不是运动员,指导结束后,身体力行还得是学生自己。此外,论文写作还需要一些基本的常识性认识,比如论文是议论文、论文得有问题意识、论文的标题是短语不是句子……这些关于写作的东西老师可以讲,但是更主要的是学生也得有主观能动性自学相对简单的写作常识。

老师的作用是在这些基础的关于论文写作常识性认识之上开展有针对性的训练和指导,这才是把老师用在刀刃上。而且关于写作的常识,我就写了好多书,公众号有500多篇帖子,学生可以很容易通过上述渠道获得。我要求我所有的学生必须把公众号的帖子全部都读一遍,而且一人发一本书啃。我之所以写这么多帖子和书就是为了告诉学生,有一部分东西是常识,是基本知识,完全可以自学。

如果没有写作常识和基础知识,学生就会跟老师不在一个频道上对话,也就是没有对话基础,对于这种学生你需要从一只蝙蝠讲起,更令人崩溃的是有时候连蝙蝠是什么都不知道……太费老师了。有一部分学术需要自理,自己能完成的不要问老师。

还有一部分学生不光是学术不能自理,连学术外围生活都不能自理,比如怎么联系老师,老师邮箱、办公室在哪都不知道,都要问老师。什么东西就是张嘴问,从来不想怎么办。有时候约学生去办公室谈论文,学生竟然问我办公室在哪。有时候告诉学生论文发邮箱,竟然问邮箱是什么。不是不可以问,是这些问题一是网上都公开,二是上下级师姐师兄都知道,得有主动解决问题的能力,不能凡事都等着喂。这些问题一问出口,别人就知道你是个学术巨婴。再说,在这些低级层面上消耗导师的耐性、时间特别不值得。如果有一些基础性问题不会可以跟同伴讨论,可以自行检索和研究。可以通过书本、同伴、互联网解决的这些问题,请学生自行学习。

最令答辩组老师抓狂的答辩方式，说的是你吗？

吉大秋果

> 事不行，那就照顾照顾情绪吧！

有一次博士论文答辩，我很不客气地打断了一位学生的回答，绕了半天说不到点子上，甚至都没围绕答辩组提出的问题进行针对性的回答，所以我出手制止了。为了能让答辩人明白在答辩组老师心目中什么是好的答辩，什么是不好的答辩，我今天把各种答辩表现排个序，供答辩人参考！

吉大这边的答辩都是即问即答，答辩组五位老师提问之后，答辩人没有准备时间直接作答。回答问题嘛，肯定是有的会有的不会，其实老师也没有期待你全都能回答上，而且回答不上也不能怎么样，那就后续再研究加强。答辩人出现的几种情况如下：

情况一，答案正确且条理清楚、言简意赅。这种答案太令人喜欢了，既能切中问题要害，还能节省时间。坐在答辩委员位置上的老师身经百战，见过的论文太多了，最喜欢这种直来直去，节省时间的做法。

情况二，答案正确但条理不清楚，语言啰唆。这种回答也是能接受的,毕竟答案是正确的,就是有点让答辩组老师费脑子。老师们得提炼出来你的核心观点,这样会让答辩组老师有些不耐烦,因为表达清晰、提炼观点是答辩人自己应当做好的事情,让老师自己提炼或者引导你提炼出来,说明你这个答辩准备不是很充分,对自己研究的领域不是很熟悉。但是好在能说出答案,只是过程曲折了一些,答辩组也不会说什么。

情况三,答案不正确但条理清晰、言简意赅。这种回答通常表明答辩人没听明白问题,或者听明白了不会,但是答辩人组织语言能力很强,迅速言简意赅地说出几条,虽然答案不正确,但是好在没有耽误大家很长时间,情商在线,导师组还是能接受的。毕竟都是学生,研究中存在不足和盲点是可以接受的。如果答辩人再补充一句,今后还要加强对这个问题的理解和研究,那就更妥当了。

情况四,答案不正确且条理不清晰、语言啰唆。这一种回答是最令人抓狂的,一堆废话半天也说不出一个切题的关键字,最主要是还啰唆,不肯结束,生怕说少了答辩组会识破你对这个问题是不会的。其实,答辩组这些人都是"老妖精",你回答得对还是不对从你一张口就知道了。这时候,最聪明的做法就是简单说出自己的理解,坦诚承认自己对这个问题研究得不充分,可以参照情况三处理。千万不要拖延时间,答辩组老师都很累一坐一上午,你一个人答辩结束了,答辩组老师要答辩很多人。他们特别期待会就是会,言简意赅说出来,不会就是不会。有些答辩组老师其实不太好意思打断学生,也由于答辩组会有外请的专家,所以对这些学生一般都是包容的,但是殊不知,内心都快爆炸了。

把这四种情况和答辩组老师真实的想法呈现出来,供答辩人参考,如果实在不会,问题答不出来,那至少也照顾照顾大家情绪,别瞎编了,其实你知道你在瞎编,我知道你在瞎编,你怎么就不知道我知道你在瞎编呢?答辩组老师问问题的目的不是让你都回答上来,只是告诉你你现在的研究只是这个领域的一部分,当然你要是能答对更好,回答不上来也是正常的,谁也没期待一篇博士论文能做到完美。

"老师,您一天写一千字吗?"
"不写!"

爬树鱼

题目中的问题,是某位同学问我的。刚开始看到这个问题,我相当地不理解:这到底是想知道"我一天最多能敲多少字",还是想知道"我有没有干几天歇几天?"于是,我进一步追问:你到底想知道啥?同学表示:"一天不读口生,一天不写手生",所以,想问问,写论文是不是也是这样的?为了维持"写"的状态,需要每天都写点儿?

能提出这个问题,至少能说明这位同学认真思考了,而且至少也有个"保持状态"的意思。但是,我还真不是"有事没事天天写一千字",我觉得身边的大多数人应该也不会。

为什么呢?从最实际的角度讲,因为做不到。有几年工作经验的小"青椒"都知道,大学老师的工作说好听了是灵活机动,说难听了是总得加班。早八忙到晚九也不是没发生过。我也不是不想写,是没空!

那么,如果是学生,总能抽空一天写一千字吧?

可以,但也没必要。

原因很简单:你觉得写论文这事儿,重心在"写"吗?

或者说,写论文是否等于写网文,光是"男女主角去吃海底捞"就能铺陈六千字?

当然不是。如果是网文作者,我当然赞成有事没事多写点,毕竟把一个简单的故事叙述得那么复杂还是需要功力的。但是,如果是论文作者,我强烈不赞成。毕竟,论文写作,"写"仅仅是最后一步。完成资料搜集、哪怕一个字没动笔,"写"论文这活儿也很可能完成至少50%了,甚至更高。所以,有决心"每天写一千字"的同学,很可能会面临一个难题:写什么。或者,还可能遇到这个难题的升级版:我今天写的对我的小论文有用吗?对我的大论文有用吗?于是,越写越烦。

综上,我不建议用"每天一千字"的法子保持自己对"写"的敏感度。毕竟,在论文写作的整体流程当中,至少前半段儿很可能是只输入不输出的;这个阶段,也完全可能写不出来。这不是作者水平限定的,是写论文的特点决定的。

当然,如果有的小朋友真的很勤快,一天不写手痒,我也可以提个建议:写研究日志去!啥意思?每天晚上看完书,坐下来,打开个文档,整理一下你今天看了啥。不要写成:

《民法学》1—3章,104页;

英语阅读理解3篇;

背单词30个。

这是考研日志,不是研究日志。正确的写法是:

关于物权行为理论,某某和某某的争论是……

也别小看这种"只概括没创造"的研究日志。这东西写起来不难,但当你日积月累了一个文件夹的笔记,你会发现,你看过的书,回忆起来都很容易!

请不要把你的论文指导教师,逼到"极限操作"的死角

爬树鱼

每年四五月份,高校"青椒"们见面,闲聊的内容就会多一项:指导论文。比起来"英国人见面爱聊天气","青椒"们聊论文指导通常更容易共情、迅速消除许久不见的隔阂,在短短一分钟内执手相看泪眼。而论文指导季一个通用的开场白就是:

"你学生交了几个了?"

"这群孩子一点都不省心,还有一个月就查重了,居然只有一个学生给我交了初稿!"

"行了,别凡尔赛了,能有一个学生交论文已经很给

你面子了！我那群学生一个都没交呢。问就是在实习、在找工作、在忙……"

事实上，我自己也屡屡被学生们因为论文写作这事儿逼到死角。总有学生在截止期限两周前发来论文提纲、然后在截止期限一周前发来初稿……要说不给这位学生指导，他还真的在截止期限之前发过来了；但要说指导吧，这么短的期限又不够大动干戈的，一些比较耗费时间的指导方案难以完成（比如某部分需要重新查资料、论文架构需要调整）；甚至更夸张一点，如果四五位同学同时搞这种极限操作，我就必须得达成下午上完课、晚上七点钟回到家还得修改四五篇一万字论文的"铁人"成就！

当然，从学生的角度来讲，我倒也理解学生究竟是怎么想的。考上研的，好容易面试结束，可以歇歇了，从前想干没时间干的现在可以干了；找到工作的，一晃七月份就得上班了，还不趁最后的空闲时光好好玩玩；既没考上研也没找到工作的，啥也别说了，赶紧抓紧时间弄 offer。至于论文？反正学校也不会故意挂了我，大不了到时候留几天时间赶赶工，或者实在赶不出来求老师帮忙就是了，老师总不可能放着我不管！甚至于，如果碰上好说话一点的老师，没准儿还会放松要求直接让我过了。那岂不一举两得？

但是，以上想法能够实现，得具有几个前提：

（1）你写得不能太烂。至少得像个论文，而且，学术道德没问题。

（2）你的指导教师得配合你的极限操作。举个不恰当的例子,假设在你的"极限操作"时间里,你导师住院了……或者,他在你赶工的时限内恰好要上三门课做两场讲座。

(3)你的同门也得配合你的极限操作。如果你导师被迫替四五个人这么赶工,你就不怕他干脆撂挑子?

(4)你导师至少还得有点同情心,而且,性格不能太刚。我是真听说过,有位导师当年直接拒绝给某位学生论文签字,原因:截止日期前一周才提交初稿,我没时间看也没时间改。不如这篇论文再改三个月吧?

(5)你导师还得愿意降低标准迁就你。相信我,你导师之所以能成为你导师,应该不会容忍一篇看不过去的论文,在指导教师一栏署上他的名字,还得存档数年。

(6)你自己也得有极限操作的实力。再举个惨一点儿的例子,某学生摩拳擦掌地要在最后两星期赶出来一篇毕业论文。结果,切了个不起眼的小辣椒,手缝了数针……

你觉得同时凑齐这6项条件容易吗?尤其是其中某些条件是你无法控制的?

综上,毕业论文写好了可能没奖;但写砸了真影响毕业。请同学们千万别把自己顺利毕业的概率全都赌在你导师的良心和你的手速上。毕业事大,输不起,就最好别赌……

师生矛盾最大的根源是信息不对称：先了解写作流程，再找导师讨论论文

吉大秋果

> 别把论文写作想得太简单！

最近,我采取了一项措施,使得今年开题的硕士写作水平有了一个不错的表现。原因就是我发现之前硕士开题都是学院通知,他们慌慌张张准备开题,尽管三令五申要有前期阅读,我也写过很多篇帖子,如《准备成啥样才能开题?》,但是他们做的准备工作其实并不充分。导致在开题前的一周之内,多位同学,多次用他们想象的选题来轰炸我。最可气的是某位同学要写法经济学,这位同学本科不是学法学的,硕士才学法学。我问他你懂经济学吗？他说他懂并且告诉我经济学的概念。我就让他把看过的经济学书籍、文献列个表发给我。结果,第二天,他换选题了。

老师和学生之间存在很多信息不对称,于是我给学生立个规矩,找我来谈选题,必须提交:(1)《批判性思维与写作》的阅读笔记以及能够明确知道论文写作的基本要求;(2)提交文献列表,包含至少100~200篇中英文文献(硕士生、博士生要求的量更多);(3)提交100页阅读笔记;在这三项措施的基础上提供(4)论证框架,即告诉我你要解决什么问题？结论是什么？以及得出结论的前

提是什么？没有这几项，我不接受任何人跟我探讨选题，因为我发现很多同学都不知道什么是论文，也不知道论文开题是需要大量阅读积累的。这么要求之后，果然今年在指导论文的时候情况就好了很多。论文不是无米之炊，是需要花时间和精力积累出来的。在这个基础上，我大概描述一下写作的流程和要求，帮助研究生们尽早确立对论文写作的正确观念。

(1) 文献要至少阅读100篇以上才有资格考虑开题。

(2) 对于问题的寻找至少需要确认十几遍才能找到，不要拿起一个题目就当问题去研究。

(3) 论证框架要调整很多遍才能最后确定。

(4) 只有论证框架和写作框架都确认没问题之后才能动手写初稿。

(5) 初稿写作可能需要耗费至少2个月左右的时间，你用1个星期写出来的东西，我一眼就能看出来。

(6) 初稿的写作需要经过多次修改和打磨，这个多次不是3~5次，可能是三五十次。

(7) 盲审之后还需要修改，否则无法答辩。

(8) 答辩之后还需要修改，因为答辩秘书会记录，你不修改会秋后算账。

(9) 上传之前要反复确认，因为还有抽审，毕业后抽审会影响到学位。上传之前是你最后一次修改机会，一定要重视，之后只能交给命运了。

写这篇文章是希望同学们明白，这不是我的要求，是写作的客观要求，我们只是客观提醒，毕竟撤销的是你的学位不是我的。

写给研究生的
八个毕业论文写作小技巧

爬树鱼

开完了题的硕博士生们要开始论文写作了,有的同学就开始慌啦:"老师,我从来没写过三万字/十万字的论文!怎么办怎么办?"字数的问题,我一般会安慰他们:没事儿,你的选题那么大,写三个十万字都没问题!这当然有开玩笑的成分,题目要真的这么大,我也不敢放学生去写。但是,毕业论文的确与万把字的小论文不同,在写作当中有一些事半功倍的小技巧:

(1)写作过程当中一定记得留资料!建议刚刚开始硕博论文写作的同学,在准备开题时就建一个名为"毕业论文"的文件夹,然后看到的资料一概往里扔,只能扔不能删。否则,后期增加参考文献时再去翻浏览器的访问记录会非常麻烦。当然,这个文件夹是可以分类的,例如,可以再分为"核心期刊""案例""英文论文",等等。但不论如何,请确保你所有看过的资料都有迹可循。

(2)上述文件夹,请不要放在桌面上。一方面是由于桌面文件是最容易误删的,另一方面,对于相当一部分电脑小白来讲,"桌面文件"约等于"重装电脑一定会弄丢的文件"。

（3）写论文之前，请一定预备一个平时从来不用的U盘，专门用于定期（例如每两周）对你的"毕业论文"文件夹进行备份。从我读博士开始，每年都能在校园小广告/BBS/微信朋友圈里看到以"毕业生急寻电脑"为题的消息，消息里面通常会包括"电脑里包含了我所有毕业论文的内容"，且消息中往往会催人泪下地许诺："电脑您留着都行，资料还给我啊！"

（4）写作过程当中，请及时对你的稿子备份且重命名。此处的"备份"倒不是"放U盘里"那种备份，而是，每当你想要大改的时候，请务必不要在原稿上操作，一定要把原稿复制一份，且以大改那天的日期命名，并在这个新文档上增删。为啥？如果你这人比较纠结，改完之后发现"还是原稿写得舒服"，你会感谢这个操作的！不仅如此，以日期命名的好处，是你永远都只会在最新的那个文件上操作。不然，试想一下，你对一份文档进行了长达三小时的排版，排完之后发现，这个版本半个月前就被我放弃了……或者，当你把一份"最新"的文档发给你导师，半小时后接到导师的怒吼：你交给我的是啥？上次给你改过的稿子，怎么一点儿没修改就发回来了？

（5）写论文时请一边写一边加脚注，千万别学某些本科生，初稿里一个脚注都没有，全篇写完之后再回头加。一万字的小稿子，你或许记得哪个地方引用自哪里；但三万字以上？相信我，你记性没那么好。脚注补得不到位，要么查重的时候系统会认定你剽窃，要么都不需要等到查重，你导师就先急了：引用你导师我的论文都不加脚注!

(6)接第五条:写论文过程中,这个脚注其实不需要加得那么齐整,有个标注就可以。例如,我自己的初稿往往是在正文里加括号,例如,(张明楷,论犯罪主观要件,第74页)。

(7)初稿达意即可,不用修饰语言。这个初稿很可能写完就删。

(8)如果你们师门今年好几个同学同时毕业,同学之间最好商量好彼此提交论文的进度,比如,三位同学分别在1号、8号、15号陆续提交。如果你们三个同一天扔给你导师三篇三万字论文,只会让你导师感觉压力山大。要是这个"同一天"是 deadline 前一周,且论文还是初稿……相信我,你导师肯定会有一种打人的冲动!

致那些写不出论文"对策"部分的同学们!

爬树鱼

不论是写小论文还是大论文,"对策"部分总有人被卡住。问之,对方表示,自己既不知道中国面临什么问题,更不知道这些问题怎么解决。所以,对策这部分要么就写得特别虚,比如"加强法制建设、积极进行国际合作"这种万金油式答案;要么索性无从下笔,觉得中国现在的制度其实也挺好,为啥需要对策啊?

对于这个问题,打个不太恰当的比方,写到最后一部分才发现不知道如何写对策,可以类比为"到了河边才发现自己不会游泳",然后寻求一个快速过河的办法。如果真的是过河,还是可以寻求外力的,比如找个轮渡或者独木舟;但写论文"借助外力"违反学术道德,这是抄袭……

那么,为啥有的人对策部分写不出来?这就是个伪问题。因为,我自己写一切论文,都是从"对策"部分开始反推的,即选题环节就先思考,这个题目对中国有什么意义?中国需要解决一个什么问题?这个问题的成因是什么?我们如何解决?其实,分析了这些问题,论文就很难找不到对策。

比如,"问题"是管辖权界定不明,"成因"是立法者没考虑到某些新问题，那么，对策自然就是针对"成因"，把这些新问题考虑进去。

再比如，"问题"是管辖权界定不明，"成因"我不知道，但我发现欧盟的管辖权界定相当科学。那么，"对策"就是效仿欧盟，在中国立法当中写进去某些条款。

换言之，"对策"之所以不会写，是因为论文选题的时候就没从中国问题出发，没想过"我这篇论文要为中国解决一个什么问题"。这位同学选题时至多会想：某问题很热点，我要研究；某问题的外国法规定很完善，我要研究。但，至于这个问题的现实意义，没有想过。而没有"带着问题去研究"的直接结果，就是介绍完现象之后，不知道如何与中国现状相结合。甚至，还有一种情况，是有的同学的论文题目就是他导师给他的："企业社会责任问题最近很热点啊，你去研究！"所以，他的研究起点是一个"领域"而非他发现的问题。研究过程当中能发现"问题"还好；如果研究过程变成了文献综述，那才真的是写不出对策！

PS：并不是每篇论文都需要有"对策"，例如介绍福柯法社会学思想对中国法学研究的意义的论文很显然不需要对策。讨论"秦律中的刑事责任能力"的论文也同样不需要对策。但，对于绝大多数实践导向的论文，对策是必需的！

研究生的第一年：
同学之间能产生多大的差距？

吉大秋果

从去年开始，我决定用一年的时间观察新入学的学生，观察他们在学业能力提升上有什么进步，又形成了怎样的差距，这种差距又是怎样造成的？先说两个标准，其一是研究生应该具备什么能力，其二是作为导师我做了哪些工作。

第一，研究生应该具备什么能力。说一下理想状态吧，尽管绝大多数人其实是达不到的，但是我们应该往这方面努力。研究生毕业都要写一篇论文，不要小看这篇毕业论文,这是一个关于人终极能力和综合素质的最佳考核路径。为了写论文,你的基础知识必须扎实,你必须要有发现问题的眼睛,你还必须会用你的知识解决这个问题,并且你还必须具备相应的逻辑和语言能力把这些表达出来形成论文。至于细小的能力就更多了,比如阅读能力(绝大多数人是不具备的,具体参考《批判性思维与写作》);抽象、概括、具体化、综合、复述、分析、评价……各种思维能力都需要一点一点地训练,而做这些训练最好的方式竟然是练习阅读(分析性阅读)和不停地思考写作。也就是说,为了能在研三交上一篇合格的毕业论文(标志着你各方面能力具备,而不是仅具有一些课程知识),你需要从研一就积累阅读、写作和不停地思考。

第二,作为导师,我做了什么。首先,我一如既往地写公众号,把我遇到的所有指导过程中关于写作、心理、心态、认识方面的事全写成文字,并要求我的研究生每篇都看,讲过的东西我不再讲了,我只会领着学生实践,印证我帖子里说到的各种问题。其次,我在学期末开设了学术训练营,我所有的学生都会参加,短则10天,长则半个月,我会狠狠地训练学生的分析性阅读能力,并且训练他们的抽象、概括、具体化、综合、复述、分析、评价的能力。

第三,我会按时组织师门的开题会,至少要三次,目标分别是形成标题、形成论证框架、形成写作框架。全体学生必须学习,研一同学观察、研三同学反思、研二同学汇报。最后,因为我自己总写书和各种材料,作为我的学生校对任务是很重的,我会随时组织他们校对,也让他们了解老师的学术动态。

在以上两点基础上,我发现:

①有些学生连一些基础的校对都完成不了,文字功底特别成问题,不要说写,就连看都不行。校对是最基本的工作(不展开,这是我考查学生的基本手段),有的同学细致到不放过任何一个细节,有的同学粗放到连续10页没看出任何问题(写过东西的人,都知道文稿是改出来的,所以不可能没问题,这只能是你的问题)。有些学生甚至也没意识到这是我对他的一项训练和考查,而是单纯地将其看成是一份帮助老师的辅助工作。所以,基本几轮过后,我不会再组织全体同学校对,只会形成一个小范围的、比较好用的校对小组,常年帮我从事校对工作。(一份书稿通常我会校对20遍以上,学生跟着我一同完成。)校对工作很重要,不仅培养对文字的敏感度,而且你也从中学习别人的表达、别人的思想,所以不要小看这项工作。

②校对文字关过了之后,我会组织学生对一个问题进行反思和探讨,这里面会涌现出文献检索做得比较好的同学,也会涌现出综述也就是文献整理做得比较好的同学。这项工作是由我的工作伙伴爬树鱼老师完成的,爬树鱼老师会把我学生的状态直接反馈给我。这时候,基本上擅长检索的同学就会经常帮我找资料,擅长整理的就会经常帮我整合素材;擅长制图和逻辑的同学经常会帮我做导图……所以这一关也非常重要,考查你的特长和综合素质。但最重要的是态度。

③挑选那些有学术潜质并且愿意跟老师进行学术训

练的学生进行写作训练,我有一个学生,在她整个研一暑假我们都在打磨她的写作,从选题、题目的修改、论证框架的形成与修改,最后,她的论文形成了一个令人满意的论证框架,她的语言和逻辑都得到了提升。当然,这个学生有一个好处就在于,她入学的时候完成了司法考试,不用占用假期备考,所以有时间被我训练写作。她非常积极主动,而不是我要催她。对于写作,你不找我,我很难有时间主动找你。催你怕你有压力,不催你怕你完不成。总之,得学生主动,老师才有抓手。

在学术训练上,在研究生第一年之后学生之间已经形成了不小的差距,尽管在刚入学的时候他们在我面前看起来都差不多。但是,在一年之后,有的依然连校对都做不好,有的已经能写成一个完整的写作框架,就要开始写作了。

最后,想说的是,研究生怎么过是每个研究生自己的选择和安排,但是学术要求是固定的,那就是基本上要具备写作一篇3万字论文所要求的所有能力,我尽量帮学生拆解这些能力要素,为此我写了一本书《批判性思维与写作》,还送了每个学生一本。同时,我也尽量给学生提供机会来接触训练这些能力的场景。这是我能做的,其余能做到什么程度,达到什么状态,是由研究生自己的态度、心智和努力决定的。我只想说,学术能力是非常重要的,而且其训练和形成是一个漫长的过程并且需要老师指导。如果你不能在之前的每一个环节都脱颖而出,不能完成前一个阶段的训练任务,你就走不到下一个阶段。说了这么多,结论是:一个学年,学生之间就拉开了差距,这是值得反思的。

同学,你不菜,真的不菜!

爬树鱼

在公众号帖子下,发现有位同学留言,在历数读研之不易后,总结道,"其实导师和师兄师姐对我也不错,只恨自己太菜了"。

我:同学,你不菜,真的不菜。或者说,感觉自己菜,实乃人之常情。读本科读研读博,总会在特定阶段有过自己很菜的情绪。而且,不止你一个人,此种情绪普遍发生、时段特定且不传染。

阶段一:刚入学时

刚入学看啥都新鲜那几天,往往是没工夫去想自己菜不菜的。通常是新鲜期刚过,各种学业开始上手,方才发现自己开始遭受现实的蹂躏。举个例子,某师弟曾跟我说,"想当年高考时我英语全市第一,结果在大学分班把我分到最差那班!"再比如,好容易考上博士,结果报到那天就发现同班同学里已经有发表CSSCI的了,而自己投个非核心都还被拒了。"我好菜"这种情绪尤其容易在导师进行"你看看某某……"这种教育时泛滥。

阶段二:各种评奖评优找工作投简历时

刚入学那几天纠结过后,同学们往往就没时间纠结菜不菜的问题了,因为手里的活儿都干不过来。情绪再次抬头,往往是各种需要横向比较的场合,比如评奖学金、投简历、面试……看着别人简历比自己长,别人纠结这篇论文要不要写进简历、而自己纠结简历都写不满一页还得编点儿进去,此种情况下往往会再次引发"我很菜"的情绪。

阶段三:遇到重大挫折时

比如电脑被偷窃,一星期收到两篇退稿信或者论文被导师斥为"我看过的最差的一篇"。

看到了没?第三种暂且不谈,这算是日常性打击加自我怀疑。而其他两种情形,其实,或是出现在自己刚刚进入更上一层圈子,或是出现在将要争取人生更高阶段的时候。换个角度解读,你认为自己菜,正是因为你身边有一群高手。你或是刚刚进入与高手过招的场合,或是马上要见到另一群高手,不认为自己菜才怪!

同理,前面提到的某师弟感觉自己英语菜,是因为他的同班同学都是英语高手,某博士感觉自己菜,还不是因为自己身边全都是博士;某"青椒"感觉自己菜,是因为他过五关斩六将终于被某双一流高校录用。这位"青椒"如果去某个不入流小学院(全校只有个位数博士),没准儿还能拿个学科带头人。

这就可以类比为,一名运动员,通过自己的不懈努力,终于拿到了全市、全省乃至全国百米短跑冠军;又经过艰苦的训练,成功拿到了奥运会参赛资格。哪怕这位运动员在奥运会百米短跑决赛赛场上是八人当中成绩最差的,你说,他菜吗?

综上,感觉自己菜的同学,那是因为你已经在一个人人都很优秀的圈子里。你至少已经靠自己的努力进入了这个圈子。虽说逆水行舟不进则退,但反过来说,你还不至于"退圈",是不是也反向意味着你同样在"进"呢?

当你导师跟你说你都是个博士生了，你知道是啥意思吗？

爬树鱼

跟随同一个导师读完硕士又读博士的同学，往往会听到导师大人恨铁不成钢地怒吼：你都是个博士生了！听到这句话的同学八成还不大服气：老师，我距离"还是一个硕士生"只有两个月时间啊，七月到九月而已，变化就这么大吗……

那么，博士生和硕士生相比，区别是啥？

（1）你得把学术提上日程！

此处导师内心想法如下：硕士期间就不认真读书，研一给你开了十五本书的书单，到了研三毕业还没读完；硕士毕业论文也是赶在截止期限前交上来,读博再这么拖沓可怎么行啊……还有,你得发三篇小论文才能毕业,我又不知道你写论文有多少灵气,别是一年写一篇那种资质,然后自己还不着急天天出门逛街……具体进度,你心里得有个数。毕竟,每年延期的博士生那么多!

(2)别再等着导师天天命令你去写论文

此处导师内心想法如下:你是个博士生了,你有一篇十万字的博士论文要写,难道你让我来告诉你第一章写啥第二章写啥吗!这学问是你做还是我做?

(3)你得学会自己解决问题!

此处导师内心想法如下:别像个本科生那样,天天来问我这个案子判得对不对,那个问题哪个学者论述过。你是要写论文的,一点点小问题你都解决不了,我怎么能指望你能分析一个足以让CSSCI看得上的大问题呢?

(4)你的博士生职业素养在哪呢?

此处导师内心想法如下:都是读到博士的人了,不是小孩子了,能情绪稳定一点,像个成年人一样处理问题吗?今天师门读书会你不来了,说抑郁了;明天学者讲座你没来,说睡过了……你导师我要是像你今天不来上课是因为心情不好,明天不来开会说心情抑郁,咱们院长准得把我给开除了!

总之,读了博,你的学生身份就已经无限被弱化了。理论上,你当然是个学生;但实际上,在导师的心目里,你应该是一个能独立规划自己三年学术计划、独立进行研究并拿出成果,以及以专业的态度处理遇到的各种问题的成年人。而且,读了博,你的年龄就不太重要了。导师可不会因为你 23 岁他 53 岁就把你当个宝宝。更何况,对于有些年轻的博导而言,34 岁的自己,居然需要事无巨细地帮一个 30 岁的博士生做各种规划,进行各种安慰……

读博士不需要B计划！人生也如此！

吉大秋果

> 一条道都没走到头，为啥要用Plan B？

有一个学生特别沮丧地跑过来问我，老师，我已经博士四年级了，到现在论文还没发表出去，大论文也没开始写作。老师你看我用不用先找个工作，比如先找高校当一个辅导员然后再慢慢写。我说你不工作都没写出来论文，还期待着辅导员繁忙的工作之余能写出论文？他沮丧地想了想也对，他说那我干点别的呢？我说你专心写论文不行吗？为啥总要干别的，你现在要做的工作就是继续努力。他说我的同学都工作了，我也结婚了现在压力很大，想考虑别的出路。

这种情况比较多见，还有的同学看到别人毕业或者别人赚钱之后也着急，博士迟迟不毕业就萌生了去意，要谋划所谓的B计划。

如果你选择读博士，我们把这个叫作A计划，然后你又在读博期间萌生了B计划，那么我告诉你，B计划是假的，想逃避压力摆脱这个虐心的过程是真的。

人们在行动的时候会有两套计划，A计划和B计划，B计划只有在A计划无法实现或者失败的情况下才能启动。那么我问你,你的读博之路是无法继续还是你承认失败了?如果是无法继续,对不起我不相信,我身边千千万万的博士都毕业了,读博士虽然有点难,但是没有难到大家都毕不了业,读博士这个工作还是一个相对简单的脑力劳动(相比创业),不需要太复杂的社会判断,你只需要按部就班地天天看书,方法正确地慢慢思考,总有一天能毕业,这是一个需要耐心和勤奋的工作,仅此而已。你连这项工作都做不了,那是你的问题,不是读博士之路无法继续走下去。

那么你是不是承认你失败了?如果你承认失败了,就启动 B 计划。前提你得真实面对自己,你就是失败了,而不是压力大,不是同学都赚钱了,不是年龄大了……你要启动 B 计划就老老实实面对自己在读博这个计划上失败了,别给自己找借口。

每个 Plan 都会遇到阻力,压力和外来的干扰,你到高校当辅导员之后,又想着自己怎么也是一个念了博士的人,怎么就没挺住没毕业呢?天天后悔,天天纠结。还不如提早认识到自己在一条可行的道路上产生了 B 计划的真实原因——其实是想逃避。尽早提醒自己应该做的事情是加倍努力,赶紧毕业,而不是谋划什么替代性方案,体面退出。你相信我,你体面不了,也心安不了。人这一生最主要的就是对自己真实,真实面对自己,而不是被自己给蒙骗了。这一生最大的敌人就是自己。

读博士如此,其实人生也是如此,我们需要 B 计划的时候并不多,你遇到困难就掉头了,你能干好什么事呢?

山重水复疑无路,柳暗花明还又一村了呢;行到水穷处,还要坐看云起时。遇到困难阻力是让你继续反思自己的做事方法、思考问题的方式是不是有问题。否则,不管到哪都是人生输家!

当硕导变成博导,怎么突然就变凶了?

爬树鱼

此问题通常产生于跟随同一导师读硕又读博的文科生,偶尔也出现在虽然博导和硕导不是同一人,但硕士期间跟博导也有点儿交情的文科生。明明自己读硕士期间导师都很宽容的,假期出去玩儿从来不干涉、书目读完读不完都没关系,不论自己犯了多少弱智错误导师都永远笑眯眯一脸宽容,可是,跟着同一个导师读了博士,这个导师突然就变了! 天天三令五申读书作报告、写论文,假期敢出去旅个游导师肯定微信来催赶紧回来读书,导师还动不动板着脸数落自己是"这么多年所见到的最差的学生"……是自己读了博士就突然变笨了不招人待见了吗?

当然不是。导师肯把博士生名额花费在某同学身上,一定是因为该同学必然具有科研潜质,或者至少相比较报考该导师的其他考生而言具有过人之处。因此,显然不是由于该生素质不佳,而是由于,在硕士和博士阶段,导师对同一个学生的要求完全是不同的。相当一部分文科类专业,想要毕业还是相对容易的。毕业论文拿个省优秀当然好,但如果真的对学术没啥兴趣就期望毕了业赶紧工作赚钱,论文写到"合格"程度其实也不难。然而,在博士阶段,导师的要求就完全不同了。你不读书,还想写出有理论深度的博士论文?洋洋洒洒十万字,总不可能全是文献综述或者案例评析吧?你平时不多写,难道还指望靠着手里仅有的两篇小论文正好发表两个 CSSCI 然后顺利毕业?你导师替你着急!

当然,你导师就算性格再多变,变化的也仅仅是对学生的要求。通常来讲,导师本身的人品还是不会变的。比如经常请学生吃饭等优良品质必然会一直存在,又比如,只要你的学术让他满意,从前那个和蔼可亲总是笑眯眯的导师一定会回来的!当然,也不排除一种情况,就是这位导师会一如既往的严肃(比如我导师),不论对他的硕士生还是博士生都是如此。在毕业之前,你永远别想听到他夸你一句。

最后补充一句,其实,我并不建议一名硕士生临到硕三才告诉自己的导师想要读博,然后见证导师"变脸"。鉴于相当一部分导师对于"硕士生"和"未来要读博的硕士生"的学术要求是完全不同的,因此,强烈建议,如果你真的具有学术热情,或你的职业规划当中必然需要一个博士学位,那么,请务必在研一入学就告诉你导师,我要读博,您把我往博士生方向培养吧!至于这样做的好处是什么?主要有两点,其一,你导师会贴心地为你预留一下三年后那个读博名额;其二,你根本不用担心你导师会在你读博那天瞬间变脸,他只会六年如一日地用博士生的标准要求你。而你的同学们只会困惑地发现,他们眼中那个和蔼可亲的导师,居然,只对你横眉冷对……

写作意识篇

说你呢,对,没错！你能写好论文！
吉大秋果

> 受过专业教育的你都不认为自己能写论文,你觉得谁能写？此文专门用来树立信心。

很多学生,尤其博士生跟我说,老师我不是写论文的料,这个博士我念不下去了。我说,来来来,我给你算一笔账你就知道了,你不仅能写,而且如果你不能写,全中国九成以上的人其实也不能写。很多时候,博士读不下去是因为畏难情绪在作怪,而不是能力不具备。

先说写论文需要具备哪些基本的积累,如下图所示,写论文需要做三个层次方面的积累。

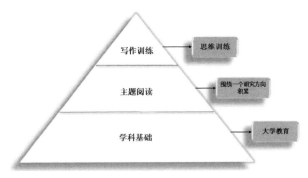

首先最底层的是学科基础,这是指你上大学,学了一门专业知识,构建了一个学科的知识体系。这是大学

教育带给你的。不管你认识没认识到,大学教育就是给了你一个学科的完整知识体系。你学得好不好是另一回事,但这个体系你是有的,只不过学得不好的话,这个体系的质量不太好或者说基础不太扎实。

其次,在大学接受学科知识体系教育的基础上,要想写出论文你还得围绕一个固定的、你喜欢的研究方向进行深度阅读,比如阅读一些专著,专业文献,等等。这部分跟之前的学科知识体系不太一样,学科知识体系读的都是教科书,是用上课和教科书构建起来的。第二个层次的主题文献阅读是使用某个固定主题的专著、文献构建起来的。这同时也解答了一个问题——写论文光看教科书是不够的。

最后,除了积累学科的专业知识体系和围绕一个固定的研究方向做主题积累和阅读,你还需要写作训练,要不然你空有一堆知识、积累不会用,这里面涉及知识的转化。

好了,写论文就需要做上述三方面的积累,你现在欠缺的基本上就是第二层和第三层。你都念到博士了,也就是说写论文第一层要求的素质你是具备的。在中国,实际上接受高等教育的人也不过就是总人口的4%左右,也就是只有这部分人从理论上达到了写作的第一层要求。而你,显然是这4%中的一员,你说你都达不到写作的基本要求,你都不是写作的料,你让那些没上过大学的人怎么办(天生的写作者不在本文讨论的范畴)!

所以,你需要做的不是跟我抱怨,而是开始积累和训练第二、第三个层次。

总而言之,言而总之,不要给自己找借口,不要用自己不是这块料来给自己放弃找借口,要面对这个问题,跟自己说——我行!我行的,其他人更不行!

当人家说你论文的理论性不够,是什么意思?

吉大秋果

> 我们写的是学术论文,要有理论性!

有小伙伴在后台留言说自己在开题的过程中被指出,选题没有理论性。什么叫理论性?为什么要有理论性?无独有偶,我自己的学生在写作的时候也出现过这种问题,本文统一回答一下。

首先,说一下为什么要有理论性。在大学学习需要写论文,学生写毕业论文,老师写投稿期刊的论文。比较一下,我的同学有的在法院工作需要写判决书,还有的同学在政府机关工作需要写工作报告,区别在哪里?区别就在于我们写的东西要从理论方面分析,而判决书、工作报告,虽然都是议论文但不必要非得具有理论性。比如《严惩体育腐败,净化竞技环境》这就是一个报告,肯定不是学院派写的。学院派写的东西是这个样子的:《体育腐败问题治理的经验、局限与启示》。两者的差别就在于是否有理论分析。那为什么要有理论性?因为我们是从事理论研究工作的,无论老师还是研究生都是研究工作者,无论你写的是理论研究文章还是应用文章都要有一点理论分析。这也被称为"学术性",这是把我们和其他部门写的东西区别开来的标志之一。

其次,什么样叫作没有理论性?没有理论性表现在两个方面:第一,题目不具有理论性。比如《婚姻纠纷中证据短缺问题研究》,这是一篇我真实遇到的论文。虽然我不搞证据法也不搞婚姻法,但是证据短缺是什么?作者想说的是婚姻诉讼中总有一方的证据提供得不足。可是这并不是一个理论问题,这只是一个现象,你要透视出这个现象背后的原因是什么?这就涉及论文的问题意识,通常问题分为现象级别的问题和理论级别的问题,要能透过现象透视出学科对这个现象的本质是如何认识的。如果你的选题就是对现象的描述就是没有理论性。举个例子,比如甲说乙欠甲钱,这就是个现象,你要写论文不能直接写欠钱这个事,应该写明因为什么欠钱?如果是因为货物买卖引发的乙不支付价款,这属于买卖合同纠纷;如果是因为买卖房屋引发的,这属于物权纠纷;还有可能是购买股份引发的,这就属于股权纠纷。你要透视出你观察到的法律现象背后的理论实质是什么。

最后,还有一种缺乏理论性体现在论证上,一篇文章提出了一个问题(理论问题),你需要从理论的角度分析并回答这个问题。注意是理论分析,而不是随便给出理由。比方说你对未来国际关系以及国际法的发展趋势分析是构建在现实主义?自由主义?还是建构主义的基础上?你要将这个问题纳入到一定的理论框架中分析,遵循一定的理论范式。现实中,很多的分析问题就是给出几条理由,这几条理由之间没有什么关联,而且这几条理由也找不到理论上的归属,这也属于没有理论性。

写作意识篇

再说论文的"理论性"：
有它叫解决问题，没它叫解释问题！

吉大秋果

> 问题不能在其产生的层面被解决！
> ——爱因斯坦

上一篇文章讨论了一篇论文在讨论的对象和论证方面是需要具有理论性的。学术论文要具有学术性，而学术性的体现就在于它的理论性。本文继续从问题的角度讨论一下理论性对于一篇论文是非常重要的。

论文都强调问题意识，为什么是这样的呢？写论文考察的是思维，思维图谱和知识体系之间有着非常本质的区别。思维或者说写论文是由问题引导的，论文基本的写作展开思路是提出问题、分析问题和解决问题。用一句简单的话来说，论文写作其实是一个解决问题的过程，但首先你必须要发现问题，最后分析它，最后才能解决它。本文不去探讨发现问题的环节，这个环节也很难，通常学生也很缺乏。本文讨论的是分析问题的环节和解决问题的环节。

爱因斯坦曾经说过一句话，问题不能在其产生的层面被解决。这句话的意思就是说当你面对一个问题的时候,你对这个问题解决思路的寻求不应该在问题产生这个层面上,而应该上升到这个问题产生的原理层面去寻求答案。也就是说问题不能在制造问题的层面被解决,得来到这个问题的原理层面分析并解决它。举个例子,我的汽车突然打不着火了,这是个问题,但是这个问题怎么解决,你不能仅仅停留在打不着火这个层面上,你现在应该思考的是,在汽车构造的原理当中,什么零件或部位出现问题能导致打不着火?是电瓶?是火花塞?是油路?抑或是其他什么方面的原因,这个时候你完成的是把这个问题上升成为一个原理层面上的问题。接下来,如果是油路的问题,那请按照油路的原理去把这个问题解决掉。如果仅停留在打不着火,你解决不了问题。即便你有一个擅于修车的好朋友,你跟他说我的车打不着火了,他也并不能在看不见车的情况下,没有进行诊断和分析的情况下,去帮你把这个问题解决掉。同样地,你打电话给医生说我头疼,医生在看不到你进行不了其他方面的辅助诊疗的时候是没有办法作出判断的,因此也就不知道应该怎样去治疗。问题的产生和问题被解决,并不在同一个层面上,问题的解决是一定要上升到问题产生的原理层面才能进行的。同理,在写论文的时候也是一样,你发现了一个问题,这个问题需要上升到原理层面上去观察,并且在原理层面上定性之后才能找到解决问题的路径。

回到论文为什么要有理论性?如果没有理论性,你的问题就停留在问题产生的层面,那你所有的所谓对这个问题的分析和解决只不过是对这个问题的解释和描述,即便你把它称之为"解决问题",但是一切上升不到原理层面的对问题的讨论和分析都不是真正意义上的解决问题。所以理论性是什么,理论性就是你对问题提出的解决方案是否能够成立的理论依据。没有这个理论依据,你所谓的解决方案或者是路径只不过是你主观的想象而已,并不是真正的解决路径。真正解决问题的路径是在理论的指导下得出的。

一个毕业论文写作的"怪现象":总是试图换包装来提升一个产品的质量

吉大秋果

改目录没办法掩盖内容上的缺陷!

在修改学生毕业论文的过程中,我发现有的学生提交的初稿结构很怪,让我一眼就发现了逻辑上的欠缺。要知道这些论文都是经过严格的开题程序,而且开题之后我又逐份帮他们修改,不管内容和论证程度怎样,论文的标题和结构框架是经得起推敲的。结果,提交上来的初稿结构显得很生硬,逻辑链条是断裂的,拼凑的痕迹很明显。一开始我没有反应过来这是怎么一回事,后来我向学生要了开题报告并明确问他们开题报告的结构与论文初稿的结构是否是一致的,收到的回复是不一致,写作的过程当中有修改。

原本写作的过程当中对开题的一些内容进行修改无可厚非,但前提应该是越改越好,是发现开题报告有不足的地方并对此进行改进。可是交到我手里的初稿在逻辑上都是混乱的,不如开题报告结构框架清晰,那么究竟是什么原因导致的呢?这种情况多数是由于学生在写作的过程当中发现按照原来的既定写作框架写不下去,字数不够,论证不充分,结构单薄……于是就萌生了通过调整目录、大纲和结构的方式来让手中那些不太够用的素材、资料显得好看,至少看起来能够拼凑成一篇论文。

这显然是不可能的,因为这种问题出现在阅读不够素材积累不够;或者是阅读量够素材也够,但是对于这些素材的加工和思考是不到位的情况下,所以使得论文的各个组成部分衔接得非常生硬,是没有一条完整的逻辑链条串联的。解决论文的这种问题只能通过下笨功夫增加阅读,夯实基本功和深度思考来实现。然而由于论文提交得比较晚,学生们一般也没有时间,最主要是也没有心情去夯实基础。所以就会出现学生希望通过一遍一遍地调整结构,来获得指导教师对论文初稿的认同。这就好比生产一件商品,这个商品的质量其实是有问题的,你不从提升这个商品的质量着手,反而一遍一遍地更换这个商品的外包装,希望通过这种方式能获得一个质量合格的商品。你觉得可能吗?

写不出论文的人基本都是"读"和"写"的能力有问题

吉大秋果

又到一年毕业季,无数学生又要延期,这本来是一个非常正常的现象,因为博士毕业就是很困难。但是这一现象又变得不正常,很多写不出来论文的人,并不去思考他们写不出来论文的真正原因是什么。有些人把写不出来论文的原因归结为老师不行,这一点有影响,但是本文不讨论。有些人把写不出来论文的原因归结为博士学位取得的制度,怪这个制度太严厉,又是发表小论文,又是教育部盲审。但是为什么有的人能够顺利毕业,而有的人却要一拖再拖?这里根本上的原因其实是在于个人,学习效果其实一半是来源于学习者自己,老师能起到的作用不超过30%;家长、学校、同伴以及校长对学生学习的影响累计不超过20%。我们就着重说说,受教育者自己需要具备怎样的能力才能在攻读博士学位的过程当中顺利上岸。

从本质上说,博士期间的学习主要是自学,虽然各个学校也安排了一些课程,但是这些课程主要是为了拓宽学生的知识面、拓宽学生的学术视野、提高学生的思维能力,等等。它并不直接作用于学生写论文的过程,也就是说它并不能直接对学生的研究起作用,真正能够对学生博士论文写作起到至关重要作用的其实是学生自学。博士论文的大量内容都是学生通过在图书馆、阅览室、自习室甚至是走路吃饭的过程中不断思考而积累形成的。因为大学只能教你怎样渔不能直接给你一条鱼。教给你怎样渔之后,你需要自己打一条鱼,写博士论文或者发表资格小论文,其实就是一个打鱼的过程。

那么在你自己打鱼的过程当中有两项基本的能力是最为重要的,一个是读,另一个是写。博士论文的读要求达到几个层面:(1)要能读得出,读得通顺,也就是要读出所有文字,要保证没有知识障碍,没有术语不懂,没有背景知识不了解。(2)要读得明白,就是要知道作者说了哪些事,对文章的内容没有理解上的障碍。(3)要读得透彻,也就是说作者要解决的是啥问题,提供了啥结论,依据的是啥前提。一般我们写论文都要读文献,文献一般都是议论文,议论文是解决问题的文体,都包含了作者要解决的问题、作者的观点以及依据。我们读一篇文献,至少要把上述三个层面上的阅读问题全部都解决掉,这才叫作真正的阅读。现实呢,就是学生可能连第1个层次都读不明白。为什么这么说呢?因为在一篇文献当中,他可能不了解这篇文献所探讨问题发生的背景,也有可能有很多概念、名词、术语是不清晰的。但是在博览群书但不求甚解的指导思想下,这篇文章就这么被稀里糊涂地当作已经被攻克的文章列在参考目录里了。但是实际上,学生在写作过程当中遇到了很多问题,都是阅读不过关造成的。如果你的阅读是不过关的,就相当于你在打鱼的时候,手里根本就没有网。所以学生首先要反思自己的阅读能力是否过关。

自己打鱼的过程中,还有另外一项最为重要的能力,就是写。很多同学在写博士论文之前就写过一篇硕士论文,而且由于硕士论文从难度和体量上,根本没有办法与博士论文相比,所以学生们的写作经历可以忽略为零,也就是说学生根本都不会写。博士论文的写作和我们日常生活的写作是不一样的,不仅在于它要求的字数多,还在于它要求逻辑结构严密,论证深入,而且在于它要求用学术语言,对某个学术问题进行学术探讨。这对于学生来讲是非常困惑的,他们由于经常认识不到学术写作和日常写作之间的区别,以及在难度上的巨大差异,而误以为自己具备了写作能力,其实写作能力根本就不过关。

缺乏了读和写这两个最基本的能力,再加上对耗时比较长的读博过程缺乏管理,导致学生根本没有能力去完成一本合乎要求的博士论文。

写作不是一项研究的起点和中点,而是收尾,是冲刺!

吉大秋果

写作是——万事俱备,只欠动笔!

有学生跟我抱怨,博士论文好难好难,憋在家里好几天一个字都没有写出来。这是因为没有准备好的动笔只能是一个虐心和纠结的过程。

一项研究工作或者是写作是非常复杂的,前期准备工作非常烦琐。首先你手里有一个论域,这个论域或者是你老师给你的,或者是你自己感兴趣,范围很大,例如WTO。这里面值得研究的东西太多了,你需要先检索文献,通过检索文献你发现,在这个领域中你喜欢争端解决机制这个话题,可是这也是一个很大的论域。怎么办?

你需要再继续检索文献,看看这个争端解决机制里还有什么没有解决的问题。就这样一步一步检索,一步一步缩小自己的论域,然后找到一个问题。比如,上诉机构停摆后WTO争端解决机制何去何从。

这样一个问题的寻找其实伴随着文献的阅读。深度阅读绝不是简单看看、标标黄或者做个眉批,深度阅读要能读出文章主要内容和文章的论证架构。阅读完之后是需要做文献综述的。

文献综述出来之后,你的问题意识也就更清晰了,但是这个时候还是不能动笔。因为你需要构思,构思就是你需要把问题明确,针对问题提出你的结论,还要列明你的结论的前提,同时保证前提能够推出结论。也就是说你需要把你的论证框架先列出来。如下图:

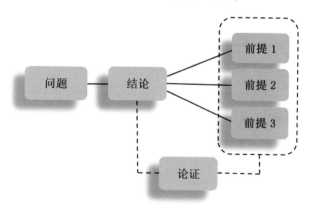

文章有了一个清晰的论证架构之后,你还需要写论文提纲。论文提纲是包含论证架构的写作架构,通常遵循提出问题—分析问题—解决问题的逻辑,并且把论证框架包含进去。这时候你会有一个流程叫作开题,看到没,你都准备成这样了才开题。开完题之后,也就是说导师组认可了你的写作框架,你才能动笔。看到没,啥时候能动笔?是你已经把这项研究的所有文献都做完了,自己想研究啥也都弄明白了——问题有了,结论有了,前提有了,推理关系成立了。然后把这些东西全都整理成写作大纲,开完题之后才能写作。动笔的环节其实是最后的,是把你已经整理得差不多的东西表达出来的环节,而不是你想的那样,边写边思考。在主体框架没出来之前的动笔都是自讨苦吃和自欺欺人。所以,写作是终点,是收尾,是最后的表达,并不是研究工作的起点,也不能在不应该开始的地方开始,这就是你为什么写不出来以及憋得难受的原因。只要憋得难受就是前期准备工作没准备好,在不该动笔的时候动了笔。

写作需要"逻辑",不能总用"蛮力"!

吉大秋果

我在指导学生论文写作的时候,第一步要求他们在充分阅读的基础之上,提出一个要解决的问题;第二步要求他们提供给我这个问题的结论;第三步要求学生必须提供给我支撑结论的依据或者前提,而且依据或者前提往往是一个体系,会有很多层次,也会有很多项。第四步要保证依据能够推导出结论。同时要把上述步骤画一张图,只有这幅图画出来并描述清楚了,我才建议学生去开题。上述四个步骤具体之间的关系可以看看下图。

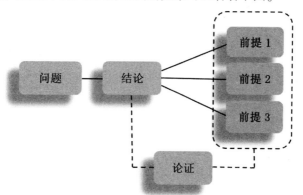

这张图表很清晰地告诉我们,论文的写作是需要逻辑的,是需要在问题的引导之下,通过前提推导出结论。只有这样,结论才能是正确的,是靠得住的而不是想象的

和主观臆造的。可是在现实写作过程中,很多同学都意识不到这张图表所包含的逻辑推理关系的重要性。或者也是由于缺乏相应的逻辑学基础知识和实践操作能力导致的对论文写作工作的难以驾驭。

很多同学都是在没有把这个论证框架弄清楚的情况下就匆匆开始写作了,这样写作过程通常是想到哪写到哪,不仅写完的东西没有逻辑性可言,还经常会出现写着写着就不知道怎么写,写不下去的情况。一方面说明其实我们还没有到动笔的程度,积累还不够,思考也不够。另一方面说明,有一个完整的论证框架,你在写作的过程当中会更流畅。归根结底,就是要求同学们在写作之前就要想好文章的逻辑结构框架,没有这个框,即便最后你把论文写完了,这篇论文的逻辑结构也是松散的,论证也不够深刻,甚至根本就不存在论证。你在送审和答辩的过程当中都会遇到很多的问题。

对于一篇论文的写作,逻辑的框架是非常重要的。我们不能在没有这个框架之前就冲动动笔,那样后患无穷。论文的写作是需要逻辑的,而不能仅仅靠一腔热情和使用蛮力。

来啊！测试啊！说你写作不行是因为阅读不过关，你还不服！

吉大秋果

在别的学校开讲座，说到写作不行很大部分是因为阅读不过关，很多学生还不相信，于是我就拿出一段文字检测大家的理解能力，不测不要紧，连在座的老师都吓一跳。很多时候我们并不了解我们的问题点出在哪里。请大家阅读完以下材料并选择：

"近几年有一种议论，说下个世纪是亚洲太平洋世纪，好像这样的世纪就要到来。我不同意这个看法。"中国领导人邓小平在1988年向来访的印度总理拉吉夫·甘地表达了这一观点。30多年后，邓小平证明了自己的先见之明。几十年来，亚洲取得了非凡的经济成就，如今是世界上增长最快的区域。在这10年内，亚洲经济体的规模将超越世界其他经济体的总和，这是自19世纪以来从未出现过的情况。然而，即使到今天，邓小平的告诫依然让人警醒：亚洲世纪既非必然实现，也非命中注定。

PS：这段文字节选自《危险的亚洲世纪：美中对抗的危害》，本文作者为新加坡总理李显龙，首发于2020年7月《外交》杂志。这段文字是该篇文章的篇首引言，独立完整，言简意赅，非常适合做一个短片的范例。

学生们读完这段文字,我让他们总结段落大意,一共形成了四种不同的总结:

A. 亚洲世纪已经到来

B. 亚洲世纪并非马上到来

C. 亚洲世纪没有到来

D. 亚洲世纪不是一定要来

在阅读的过程中请同学们带着意识观察自己需要读几遍,怎么读的,怎么理解的?选择的答案依据是什么?

需要指出的是,这还只是阅读四个层次中的第二个层次——检视性阅读。更难的是批判性阅读,如果这个环节做不对或者做起来很费劲(比如需要反复读),那么你就需要留意自己的阅读能力是否达标。

(正确选项为D)

怎么才能解决写作过程中遇到的各种困惑？

吉大秋果

> 你的问题是总不想通过努力和实干获得自己想要的结果！

这几天出去讲座，学生们很热情，总是围着我问各种各样的问题。讲座的过程中，我也尽量把写作最核心的问题意识、思维、论证、逻辑、检索和表达等问题进行透彻地讲解。而且我讲座的时候最喜欢采取边学边做的形式，带着学生一起读文献，从基础性阅读、检视性阅读一直到批判性阅读，学生表示收获很大，但也还有问题，主要集中在：老师你说的这个问题意识我有点明白了，但是我还不非常透彻。老师你说的论证和逻辑我明白了，但我总感觉朦朦胧胧地抓不住，你一走我就不会了。这个问题怎么解决？

我反问学生，你觉得是什么原因造成你不能完全理解我讲授的内容？学生没有回答。我继续说，我讲的是关于写作的规律性的东西，如果你有阅读和写作经验的话，你理解起来就会相对地容易。现在我带领你们做的是批判性阅读，这要求你们只有在大量的阅读基础之上才能100%掌握我分享的内容。但现在的问题是,你们当中没有多少人有这种大量的阅读经历,所以你们在听我讲座的过程中,觉得我说的都是对的,但是又感觉抓不住这种方法。原因就在于平时阅读太少,没有办法产生感同身受的状态。相反,在座的有从教经历的在职博士生就没有表达过你们这种困惑。

写这篇文章的原因是想说明,要想完全掌握阅读与写作的技能光靠老师教是不够的,是需要下苦功夫自己练习的。我经常会把写作与学习开车进行类比,因为这两个学习过程都需要理论和实践结合起来。我们为了学习开车,首先要学习理论,学习完理论之后还要进行理论考试,然后要开始学习上路,并且通过路面考试之后才可以拿到驾照。拿到驾照并不意味着你开得很好,只是意味着你有了上路权,通常新手司机需要驾驶5万到10万公里才能够称得上是老司机,能够熟练驾驶和应付各种复杂的路面,并且尽量避免事故发生。

写作也是同样的学习过程,你不仅要学习理论,还要学习实践。理论和实践是螺旋上升,互相促进理解的交织的学习过程。你需要在实践当中反复地阅读,你才能领会我在讲座过程中指出的批判性阅读的论证架构;你需要真正写作过,才能体会那种思维流淌在笔尖的感受。可是问题恰恰就在于此,我们读了一个博士并把毕业当成目标。但之所以在博士毕业这个问题上遇到这么多问题,原因是我们一直都没有积累和付出,或者积累和付出不够。总是期待随着日子一天天过去,你就会在自己的身上积累到博士论文写作所需要的各种技能。这个是不现实的,你需要自己努力,真刀实枪地去干。

螺旋式上升

所以那些问我怎样才能透彻掌握我所讲授的理论方法的同学,你需要明白的一个问题是你所希望获得的那些能力并不来自老师,而是来自你艰苦卓绝的实践。你需要不停阅读,大量阅读,不停写作,大量写作才能将这种能力框架搭建起来。我的功能更多的是呈现阅读和写作本来应该有的复杂状态和需要具备的能力。至于这种能力的获得,最终还是取决于学习者自己的努力和付出。你知道问这个问题的背后隐藏了你头脑当中什么样的观念吗?那就是你并不想通过自己的努力和实干来获得相应的能力,而总是期待通过老师的讲解就轻而易举地破解写作之道。在写作这个领域,这根本不可能。还是那句话,师傅领进门,修行在个人!

十万字的大论文究竟难写在哪？

爬树鱼

我曾经写过一篇文章，内容是"一个月能写一万字，但十个月未必能写十万字"，大意是十万字的大论文写作难度远远高于十篇小论文的叠加。于是，有同学提问：十万字的大论文究竟难写在哪？是因为字数太多容易累吗？

是，也不是。好比可以一口气跑五公里，但"能够分十天跑完五十公里"并不代表可以跑全马，五公里和全马是两个概念，小论文和大论文也是两个概念。写大论文时，你很可能会拥有一种全新的、写小论文时从未有过的感受。

其一，十万字的大论文并不等于十篇小论文的叠加，它本质上还是"一篇论文"，尽管是"一篇很肥的论文"。对此最典型的例证，就是你如果在博士论文开题时敢把题目设定为"某某领域的若干问题研究"，然后下面列举五个相互毫无关联的"若干问题"，你导师一定会拒绝你参加开题。因此，你得确保这十万字仍然围绕一个论点、一个中心进行。举个例子，"论国际投资法当中的最惠国待遇原则"理论上可以写，但你最好把论点设为"当前国际投资法当中，最惠国待遇问题正在从追求程序正义转向追求实体正义",而非"我研究了间接征收领域的最惠国待遇、公平公正待遇问题项下的最惠国待遇、一般例外适用中的最惠国待遇,结果发现这三者之间啥关系都没有"。

其二,你写这篇论文时,需要把几十个案例、上百篇文献统筹规划。一个博士论文的宏大叙事可能涉及这个领域从开创以来的所有案例,但是,你可千万不能写成"案例编年史"——那叫流水账,或者叫文献汇编。什么地方放什么材料可都是有讲究的。这可以粗略类比为,一个部门经理可以轻松领导十人团队,但一旦被提拔做了大区经理,手下有上百人的团队,这个经理完全有可能顾此失彼。再打个比方,各位女同学有没有衣服太多反而不会搭配的经历?写论文也是如此。

其三,十万字的论文,写起来会有一种"撒网"的感觉。你放得出去,也得收得回来。十万字的文字量往往够你肆意铺陈的,但是,写论文可不只是文献汇编,你得归纳、总结,并在论文的最后一章或两章归纳成只有几句话的核心观点,上升到法哲学或者国际关系的理论高度。只有这样"有始有终"的论文,才是一篇合格的好论文。否则,你的论文很可能在盲审阶段被评为"资料性强,但理论深度不够"。或者,碰到个一板一眼的老师,很可能会被评价为"不知所云"。

综上,十万字的大论文,要求你有非常强的归纳总结能力和资料掌控能力。而这篇大论文写作过程的闹心之处,就是当资料读到一定程度,你脑子里到处都是资料,一团乱麻的时候,如果你感觉凭一己之力实在搞不定,千万别硬撑,找你导师帮你理理去!当然,前提是你真的有充足的资料可供支持。千万别让你导师替你做无米之炊。

PS:文中全部例子均为虚构。

科普帖：写论文为什么影响作息？

爬树鱼

如果是"科研老鸟"看到题目，估计一定会会心一笑且心有戚戚焉；但对于科研新手而言，应该无法理解写论文为啥会导致作息不规律。难道专职写论文的人不是想几点起床就几点起床吗？连坐班打卡都不用！事实上，常年写论文的人，通常都会伴有神经衰弱、失眠等症状。不信？听我给你描述几个场景。

场景一：夜里十点，不写了，关电脑，上床玩会手机，睡觉。十一点，关灯。突然，白天想了一个小时都想不明白的逻辑关系，朦朦胧胧中，它，通了……你是迅速爬起来写完，还是继续睡？

选项一：爬起来写，一小时过去了，突然发现还有很多可写。

选项二：继续睡，但很可能睡不着。

场景二：看了一天资料，满脑子都是中美贸易战和特朗普。晚上睡着睡着，特朗普挥舞着刀叉对你大吼：你害得美国人民没有饭吃！

场景三：中午十一点，正码字儿呢，你同学叫你去食堂。你去不去？

选项一：去，但思路不能断，脑子里都是论文，于是被鱼刺儿卡了。

选项二：不去，接着写，告一段落时再一看表，一点钟了。食堂早没饭了。

场景四：稿子被三连拒，郁闷！

事实上，科研影响作息这还真不是啥新鲜事儿，牛顿煮怀表的故事不论是真是假，但类似的事情我相信绝对发生过。写论文这事儿啊，它不累身体（当然完全可能累颈椎、腰椎），但累心。而对于咱们柔弱书生而言，累心就容易吃不香睡不好。所以，刚刚进入科研的小朋友们，请务必对此有个心理准备。除非你每天"入眼不入心"地看几本书、听几个在线课,否则,一旦你将心血投入到某个题目,就很容易出现各种状况。因此,为了科研,请务必在读书之初就注意保重身体!

最后,絮叨几个自我调节小技巧。

其一,如果出现场景一,建议迅速抓起纸笔记下来,能看懂就行,不需要详细推理论证。然后,去睡。第二天头脑清醒神清气爽了再一步一步慢慢来。

其二,场景二应当尽量避免,方法是某一时间后尽量不要继续读书(对我而言通常是晚九点后不做高强度脑力劳动),可以从事轻松娱乐活动,但同样不要从事观看恐怖片等另一种方式的紧张活动。对于场景三,其实,据我观察,场景三的产生,很大程度上是由于某些同学时间规划不合理:早九点到了图书馆,东摸摸西弄弄,看会朋友圈刷刷新闻,然后,十点半了,惊觉一上午啥也没干,打开电脑疯狂输出,二十分钟后,发现同学叫自己去吃饭了……如果能科学规划时间,比如早九点先干正经事儿,其实,这种灵感和饭点儿打架的情形真的不多见!

你啥都挺好的，只是五行缺"练"！

吉大秋果

论文写作是一个知行合一的过程，老师只能帮你提升"知"，需要你自己去"行"。这就是所谓的师傅领进门，修行在个人。

我开设的写作课和阅读课，主要就是在阅读和写作课中贯彻批判性思维，学生上课听得很明白，课堂上积极互动，课后积极给我反馈，都表示收获很大。但是同时也不断地有同学在课后，或者在我的公众号后台留言说，这种方法好是好，就是脱离了老师自己就不会了，甚至提出了要延长上课时间的想法（我第一次在正式上课的时候被要求返场）。我的回复是，其实不用，我会的已经交给你们了，实在有领悟不了的可以再问我，或者看我写的书《批判性思维与写作》。有的同学反复地问我，老师是不是有其他的方法还没有教给他们，否则为什么老师很容易就能看出句子的结构、文章的论证框架，而作为学生的他们却不能。其实这个问题就是，你知道了一个东西，你觉得很好，但是它只是存在于你的大脑中，这是"知"，如果想要真正掌握这个技能或者方法，你还需要反复地练习，让手也会，眼睛也会，这叫"行"。所以，你需要的不是我延长课时，或者我隐藏了什么其他的方法，而是你需要练习,把自己变成熟练工种。

我特别愿意用开车来比喻写论文这种学术训练,开车得有理论,理论考完了还得考路面,你不可能只会理论的情况下就会开车了,你还得练习实际操作。即便你拿到了驾驶执照,你也是一个新手。一名成熟的老司机其实是至少要开5万公里以上的里程,基本上把常见的路面情况全都处理过才行。所以,懂不懂开车的理论其实不是决定性的,最主要的是你在懂的前提之下还需要练,而这个过程就是修行的过程。回到学术训练本身,老师教给你理论,甚至"1对1"进行一段"路面训练",之后你就要自己不停地、有意识地按照老师教给你的方法去自行展开训练,而不是焦虑地告诉老师:"你教给我的方法懂了,但是我还不会操作,我很焦虑,我想知道还有没有其他的方法和路径帮助我进行提升。"学术研究规律性的东西就是这些,其余就得下苦功夫训练自己。在学术训练的过程当中,需要一段很长的成长时间,在这段漫长的成长中,你只能是把自己关起来,坐冷板凳、阅读经典、反复揣摩,不停地将眼前的学术训练活动和老师上课教你的场景结合在一起。只有在如此封闭、向内、重复的磨炼过程中,你才有可能领悟到老师上课教你的那些原理和方法的真谛。省略了这个过程,任何人的学术研究都是不可能完成的。而通常这个过程也是非常消耗意志、磨炼心志和最让人内心发怵的。

不要迷信有速成的方式,你即便懂得了学术研究的套路、技巧和方法,你都是需要用苦功夫去把它变成自身真正拥有的技能。这个过程谁也帮不了你,谁也替代不了你。这个过程同时也是区分人和人之间最终呈现状态的根本原因。你看到一屋子同学一起听课,但是有的同学就掌握得好一些,有的同学就掌握得差一些。除了听课质量和天赋秉性的原因,更多的原因就在于他是否在课后下苦功夫去练习,而这个过程通常是"不疯魔不成活的"。

所以,不要总是围着老师去讨教是否还有其他的方法、还应该在哪些方面提升认识,知道再多,认识的层面再高,不动手练习是不行的。所以,有些同学哪都挺好,其实就是五行缺"练"!你应该回去跟自己较劲,而不是纠结是否还有啥武林秘籍是你不知道的。

"论文写得自己都不信"是一种什么体验?

爬树鱼

首先说明,本文并不讨论"数据造假"等有意的学术不端行为,仅讨论文科生写论文时的一种常见现象:写着写着就开始自我怀疑,这逻辑怎么感觉不对劲儿?这案子怎么跟我上次阅读时不大一样?我怎么觉得我这观点的反面也同样成立?最终,在不断的自我反思中,交上去一篇自己都不信的论文。

越是低年级的学生越容易出现此种状况。尽管,这种状况其实还不是最可怕的。自我怀疑至少代表这个同学认真思考了,或者至少是带着脑子写论文。还有一种学生,是"全世界都围着我转"的类型。他写论文,从不产生自我怀疑,但写出来的论文都没法看。

自我怀疑这种现象是怎么产生的?写论文之前不是已经构思好了吗?对,几乎绝大多数产生自我怀疑的学生都不是昨天拿到题目今天就开始写;一般都是进行了认真搜索和资料整理后才动笔的。然而,在写作过程当中,问题就产生了:

其一,资料的搜索和整理,完全可能是一个线性或单向思维而非辩证思维的过程。我知道,很多学生的论文

构思是这样的:

我认为中国应该起草自己的"国际私法法典",于是,我去搜集一下赞成这个观点的资料,我已经读了二十篇论文,我觉得自己可以动笔了!

这个过程缺了什么?辩证思维!资料的整理,是"挑拣对自己有利的观点"整理;但在写作过程中,就难免会产生对资料的批判性思维:这些一边倒的观点,真的都对吗?

其二,作者的认识是不断深化的,但头脑中的资料仍然处于未更新的状态。举个例子,某同学在整理资料的第三天读了一个案例,觉得该案例能够完美解决正当防卫的法律标准问题;然而,第五天,该同学读了一篇论文,其中提出了新的思路。当该同学第二十天开始动笔写到那个案例时,却惊悚地发现,案例当中的做法,和新思路对不上!于是,该同学开始犹豫:这案例连我都说服不了,还写不写?

其三,作者自己都没形成观点就开始写。举个例子,某同学的论文写作初衷,是"探讨中国要不要推行个人破产"而不是"我认为中国应该推行个人破产"。然后,该同学一边写论文,一边观点摇摆:推行?不推行?推行?……

其实,解决标题提出的问题,需要做的是——说得诗意一点;历尽千帆,初心不改。论文作者需要做的,真不是继续读和自己观点一致的文章,而是停下来,全面地读;把从前读过的正反两面的文章、案例拎出来从头到尾集中读一遍。"有怀疑产生",是因为你的心不够坚定。

但是,当你把正反两面资料全都辩证地看过、还仍然坚定你最初的立场,你还需要说服你自己吗?

当然,我相信,必然还会有同学来问:老师,如果我不坚定最初的立场了呢?我要改换论点吗?答案当然是肯定的啊!深思熟虑形成的新论点,你还怀疑吗?

读博的你,要经历一个很长的延迟满足期

爬树鱼

和博士生聊天,"焦虑"是一个频繁出现的关键词。

"老师,我不知道研究什么,老师总叫我看书,这得看到啥时候!"——来自即将入学的准博士生。

"老师,我写不出来论文!看着字数统计停在2800就不动了,真着急!"——来自博一同学。

"老师,论文发不出去啊,又被拒了!"——来自博二同学。

概括起来,除了大论文送审坐等毕业的那批人,其

他人就基本没有不焦虑的。对于这种现象,我们首先当然应该安慰一下;但是,以上焦虑的产生,其实存在一个共性:博士阶段,是一个逐渐习惯延迟满足的进程。所谓"延迟满足",是指从付出劳动到享受结果之间会有很长一段等待期。这段等待期里的闹心,简称焦虑。

延迟满足这事儿,一直是人类进步的敌人。原因很简单,人都是有理性的,能够在投入产出之间进行衡量。对于能够获得及时满足的事务,人们一般积极性都比较高,比如,手机游戏;再比如,保研九推的"有枣没枣打一杆子再说"。而对于从投入到产出要等待好长时间的事情,相当一部分人都是敬而远之的。其余一部分人中,除了少数是基于赌徒精神(例如"奇货可居"的故事),另一部分能够忍受延迟满足的人,八成就是真爱了,比如,正在读博的你。毕竟,读博这几年,绝大多数人要经历如下几个阶段:从不入门到入门;从入门到不会写;从会写到能发表。这几个阶段,能用三年完成都算快的;但只有第三个阶段才能有持续的产出。这么长的延迟满足期,挑战性不言而喻。更何况,从"能发表"到"真的发表了",其间还要等多久同样是个未知数。举个例子,某"青椒"的一篇稿子从录用到见刊,整整等了一年!

因此,很多学生选择读博之前,是没有对自己未来会有相当长一段时间的焦虑期进行充分的预见的。在这些同学看来,自己应该能博一一篇、博二一篇、博三一篇连发三篇C刊,同时在博三上学期迅速写完博士论文然后导师签字后送审。结果,读了博,发现自己连基础知识都不过关,师兄说写了个关于某某问题的论文,自己连某某问题是啥都不知道……

那么,"延迟满足期很长"这个问题,有解决方案吗?老实说,没有。对于那些真的能在博一就发出来论文的天赋异禀的同学,他们几乎不会面临本文所说的问题;而对于读了博才认识到自己有多"菜"的同学,很可能就要面临一个最长会达到两年的延迟满足期。雪上加霜的是,绝大多数导师,在这个阶段未必会鼓励新来的博士生,反而会施加压力:读书报告呢?文献综述呢?论文呢?开题报告呢……只能说,这个阶段,唯有你内心强大方能平稳度过!度过这个阶段以后——你以为就一切顺利了吗?未必。度过这个阶段,你八成也就该去写博士大论文了。那又将是一段每天问自己"盲审会不会挂"的糟心日子……

年审论文 200 篇：
我发现论文写作是一个医不好的病！

吉大秋果

真相是,送来的大部分论文都存在致命伤,改不了的那种!

最近,越来越不爱审平台送来的论文,怎么审也都是那样,问题出在培养过程中,在最后的评审过程中,哪怕你一审再审,审完重审,退回再审,论文写得不好还是不好,培养过程出现的问题在评审环节能够得到纠正几乎是不太可能的。偶有几个专家可能会毙几篇,但又能怎样呢?

大部分通过送审平台送过来的论文都存在几个非常致命的问题:(1)不具有问题意识;(2)勉强有了点问题意识,但不是不具有创新性、不具有可研究价值,就是作者不会分析;(3)其他若干问题,如表达、文献问题、学术规范等存在问题。头两个问题是致命的,它意味着这篇论文得回炉重写,也意味着所在培养单位没有完成过程管理。这样的论文你怎么审?你不让过吧,其他论文说实在的也没比这篇好多少。国内的高校能够系统地开设论文写作,科学本质揭示写作规律的就很少。论文的质量都这样,你为啥让这个不过,让那个过? 如果送到你这的所有论文你都不给过,那说明你这个评审人有问题。再说,你不让过,其所在学校能让他重写吗? 博士还好,硕士都没有延期毕业制度,出了问题,谁也承担不了。于是,摆在评审人面前的第一个问题是,不得不让过。

你也可以选择不过,那么你的麻烦就会源源不断。有一年,我还很年轻,给一个学生的论文提了修改的意见。结果他所在高校让学生修改了几天之后就一直联系我让我重审。当时一是因为我在外学习,封闭没时间;二是因为一个存在本质性问题的文章修改可不是十天能解决的,于是我拒绝了再次评审。结果该高校义正词严地告诉我,我不可以拒绝,因为他们学校规定,谁初审给不合格,复审还得这个人给审。

于是,就是这个情况,给过觉得不符合自己这么多年研究论文写作形成的认知和知识体系;不给过麻烦不断,而且如果以我的标准可能论文的通过率极低。所以,索性就不审了。更为重要的是,要对论文写作形成一套系统的课程,保证指导的质量。在国内的好多大学,论文指导是一门玄学,老师们也解释不明白术语、概念,学生按照他们自己的似是而非的理解从事写作,结果完全不是那么一回事。论文写作最基本的术语——分析、论证、思维、问题、理论基础、问题意识、开题、答辩、创新性本质上都是什么意思,没有几个老师、学生能说清楚。

曾经我去讲座,结束之后,一名老师特别解气,说我今天"教训"了一名他的学生,这名学生平时就不听老师的,而且还顶嘴,老师拿他也没办法。而我当天很清晰地解释了学生提的问题并且指出了他认识错误的根源,学生心服口服。我们的老师要想让学生服气或者听你的话,老师自己也必须明白写作的本质规律。有的老师是自己会写,但是没办法把自己写作的经验用规律和本质的语言呈现给学生,也就是不会教,这样学生怎么能学会论文写作呢?论文写作,完全靠自己悟,这样不行啊!

所谓的"改稿子",你究竟改啥呢?

爬树鱼

有一句话,估计所有的博士生都很耳熟:"赶紧写!先把论文写出来再改!"还有一句话,估计博士生更耳熟:"好论文是改出来的。"于是,我身边的博士就真的抱着论文开始改了。写论文三个月,改论文又三个月。可是你究竟在改啥?

本文绝对不是建议大家不要修改论文,拿着草稿给你导师投掷过去。改,还是得改。但是,改啥?或者,换句话讲,论文修改,能提升啥,提升不了啥?

首先,论文修改,提升不了的是立意。选题确定了,观点确定了,再怎么改,也不可能把原文推倒重来。

否则,那就该是一篇全新的文章。但是,我就偏偏见过有的学生,论文改着改着把结论给改了……这论文是没想好就动的笔吗?

除此之外,论文修改,改不了的是整体框架。框架和立意的区别在于,立意是结论,框架是完成论证的过程。不仅如此,立意这个结论,一定是从论证的过程里自然而然衍生出来的。然而,有的学生,当我批评他论文结论的支撑不够有力时,他会回复我:那我回去再找找其他论据?可是,此处问题在于,你确定,增添了论据之后,你的结论不会发生变化吗?还是,你打算只补充支持你的结论的论据?

综上,论文修改这个过程,绝对不是"先写出来再自我怀疑"的过程。好的论文不论后续修改有多折腾,至少在立意和论证方面绝对是一气呵成、逻辑绝不拖泥带水的。这一过程如果自己都说服不了自己,那么,先别写。写完了推倒重来保证比从头开始写更加麻烦。

那么,什么又是可以修改的呢?简单地说,除论证过程和论证观点之外的东西。比如,具体论证语言。论文初稿写作时,很常见的一种现象是头脑中仅有模模糊糊的"我需要用 ABC 三个案例论证这个分论点",但三个案例哪个详细哪个一笔带过却没想过;另一种常见现象,是"心里想的是一回事儿但写出来是另一回事儿",想的是"域外效力"但写出来是"管辖权冲突"。这些东西,不仅要改,而且必须改。原因很简单,"从无到有"这个写作过程,其实根本来不及字斟句酌。一天写五六千字但写得毫无文采宛若白话的情况十分常见。而好的修改,绝对能让你的论文不仅表意清晰,还让人读了就忘不掉!

综上,如果看到本文的恰巧是一位沉迷于改稿子的同学,如果你已经抱着同一份稿子改了一个月了还不满意,那么,我强烈建议你问自己一个问题:我在改啥?是要重新装修还是把自己房子的地基给挖空了?如果是后者,强烈建议你换个宅基地重新盖房子。否则,"被框在老房子里还敢挖它的地基",很容易被埋在里面出不来。

啥叫抄袭？
自己写的就不算抄袭吗？

爬树鱼

属不属于抄袭不是自己说了算的！

年年带毕业论文，隔几年总会遇上知识产权问题比较明显的。不过，当我跟学生去谈这事儿的时候，学生诚恳地表示绝对没有复制粘贴。而严格来讲，这位学生真的没有复制粘贴！但是，自己写的，就真的不算抄袭吗？出现这个问题，主要是学生们从来不知道学术上的"抄袭"是咋定义的。这跟"考试抄袭"还真不是一个概念。因此，本文就把"抄袭"这个概念解剖一下：

（1）间歇引用

通常来讲，每年来找我写毕业论文的学生报到当天，我都会画个"200字"红线：同一篇论文，复制粘贴超过200字，哪怕加了脚注也算抄袭。这标准不算过分，对吧？至少知网检测到这就会给标红了。不过，偶尔会有同学理解为，我可以第一部分从A论文里引用200字，第二部分再从同一篇论文引用200字……

对策：你别可着一只羊薅就行了。

（2）观点抄袭

有一种论文当中常见的现象，就是，某同学严格遵循了"不许复制粘贴"的教导，在认真读书之余，认真概括了作者的观点，然后，用自己的话表述了出来。这种现象，一般也的确发现不了。但问题在于，有的经典观点，比如"无知之幕"，比如"所有人反对所有人"，再比如，"坟场上的永久和平"。一眼就能看出来是从哪儿来的，引用别人观点但不加脚注，也是抄袭。

对策：概括之后加上脚注。

（3）中英文雷同

有些同学比较勤快，看了些英文文献，然后，感觉某些文献写得真好，于是，翻译过来（可能加脚注也可能根本不加脚注）。这种情况，还真的是"每一个字都是自己写的！"但是，算不算抄袭？咱们学知识产权法时，可专门对"翻译作品和原作者的知识产权归属"问题进行过研究。此种现象是怎么发现的？其实很容易啊，一篇行文非常正常的论文里，突然出现大量翻译腔浓重的句子，地球人都能发现。那为什么不翻译成完全符合中国人表达方式的句子？因为太难啊。你去看看《社会契约论》《利维坦》之类的名著汉译，那译者水平多高。可是同样能看出来翻译的痕迹！

顺便多说一句，有的同学在自己的论文里直接放大段的译文，同时还把人家的脚注复制过来作为自己的脚注。此种"虚引"现象，是另一种学术不端行为。

对策：引用原文加上双引号然后加脚注。同时，"200字"规则依旧适用。

(4) 官方文件如何引用

最后,说一种法学学生常有的困惑:引用判决或者引用法条,算抄袭吗?

简单说,不算。只要你加脚注,注明是从哪来的;同时,直引部分加引号,表明这是原文而非概括。

但是,知网相似性审查,是不区分这是不是官方文件的。因此,几乎每年都有学生来哭诉,老师,我要做法律变迁分析,结果,相似性20%……

对于此种现象,如果你的论文要投给杂志社,大可不必担心,直接跟编辑部申诉即可。但是,某些学校的毕业论文审查比较严格,也没申诉机制,因此这种情形很容易算作抄袭。

对策:能片段引用就片段引用。比如:

《土地管理法》第11条:农民集体所有的土地依法属于村农民集体所有的,由村集体经济组织或者村民委员会经营、管理;已经分别属于村内两个以上农村集体经济组织的农民集体所有的,由村内各该农村集体经济组织或者村民小组经营、管理;已经属于乡(镇)农民集体所有的,由乡(镇)农村集体经济组织经营、管理。

改为:"根据《土地管理法》第11条的规定,农民集体所有的土地经营管理权应当归属于拥有该土地的'集体',即,'村集体经济组织或者村民委员会'(可以是一个或多个),以及'乡(镇)农村集体经济组织'。"

这样也未必能够全盘避免风险,但总会在一定程度上降低相似性。因此,此方法建议在论文修改过程中适用。

是时候该反思一下什么是"真正的论文写作了"!

吉大秋果

> 论文写作像是猜哑谜,你以为他知道,他也以为他知道,只有写出来才知道"他不知道"!

有一次,一个学生拿着一篇论文让我帮忙看一看。

我:你指导教师怎么说?

学生:老师说我的论文有问题。

我:然后呢?

学生:我就回来找问题。

我:你知道什么是问题吗?

学生:知道又好像不知道。

我:那你问过老师什么是问题吗?

学生:没有!

还有一个学生问我:"老师,开题组老师说我的论文论证不行";还有的学生咨询我:"老师,他们说我的理论基础太差,没有理论性";还有人问我,什么是创新性……

我们现在的论文指导非常不规范,学生很少问,老师也很少系统地向学生说明什么是论文,为什么要写论文,写论文意味着什么,论文写作和论证、问题、创新性都是什么关系。每次新生入学,想从老师或者学校这里获得论文写作的一些"秘籍",然而老师会朴素地告诉学生"看书,多看书就会了"。好像看完书学生就懂什么是论文、什么是论证、什么是问题、什么是创新性……然后就组成开题组、答辩组对学生这些认识进行考核。这是非常荒谬的,事实上我们的教育从来没有跟学生解释这些关于论文写作的最基本的东西。

有时候,学生非常痛苦,尤其是看了大量的书仍不得要领的时候,他们不会怀疑老师"让他们看书"这个金科玉律是错的,他们只认为这是自己的问题。但是,事实上看书没有错,但是看书和会写论文之间并没有必然的联系。少数同学可能会通过看书领悟一些东西,但是多数同学看书并不知道论文是什么。这就需要教会学生关于写作的最基本的东西,而不是每次都是老师自以为是地说什么是问题、什么是论证、什么是理论性、什么是创新性……其实学生根本就不懂这些概念。

从另一个角度说,其实有些老师也解释不明白这些论文写作的基本内容、概念到底是什么意思,他们只是有一种朴素的直觉,他们的老师也是这么教他们的,他们只是自己感受到了一些直觉和经验,但是想要把这些系统地和准确地输出给学生,其实也做不到。

由于指导过程的模糊、缺乏标准导致学生在写作过程中出现了各种各样的问题。这就是中国目前关于论文写作的最为根本的结构性问题,我们缺乏一套系统、全面且能揭示写作规律的论文指导体系和标准,而不是老师和同学各自说着自己不理解的话还都误以为大家理解了。其实教的人不明白怎么教,写的人不知道怎么写。写这篇文章的目的,一方面是想反思我们的教育在论文写作指导方面的欠缺;另一方面也给同学们提个醒,你可能也需要反思一下什么是论文写作,只有双向奔赴,才有可能最终成就一个能写会写的"你"。

一个复杂的逻辑，
背后一定有一颗混乱的心

爬树鱼

有位同学找我讨论论文。

同学：老师，等我搬着电脑来跟你讲一讲思路！你帮我看看究竟能不能写？

我：能用文字表述吗？

同学：不能，这东西很复杂的！

我：那你先别写。根据我的经验，还不到写的时候。

其实，类似的事儿我也干过。大概是2007年，我去跟硕导讨论毕业论文，就兴致勃勃地拎了张白纸去："老师，你看我给你画个图。"我硕导："回去列个提纲再拿给我。"

为什么一个复杂到不得不"演讲"一番才能讲明白的构思,通常不受导师们待见?原因其实挺简单的:这个构思之所以需要"演讲",是因为它复杂。而这个构思之所以复杂,则是因为作者没把它理清楚。一个真正成型的构思,概括起来往往没那么复杂。举个例子,《法学研究》上的哪篇文章,摘要会超过500字呢?《中国社会科学》也是同理。甚至于,如果需要介绍的仅仅是一个选题、需要老师帮忙瞅瞅选题是否合理,那么,介绍甚至可以更加简单:"老师,某某问题值不值得研究?"至多再加一句:老师,我在实践当中发现了这样一个问题!这个问题值得研究吗?

在我自己的论文写作过程当中,通常会经历一个过程:从简单到复杂,再从复杂到简单。从简单到复杂,是指在构思一个选题时,会尽量搜集相关资料,尽可能让论证的格局变大,内容变丰满;而从复杂到简单,则是从一堆资料当中,抽出来一个几句话能够说清楚的思路,而这思路又能解决最初提出的问题。这个过程当中,完全可能遇到"这个问题很复杂,一句两句说不清"的情况。然而,连作者都说不清的问题,难道写出来之后读者就能看懂了吗?这种情况下,需要的往往是进一步思考,争取形成条分缕析的叙述,例如:这个现象,在实践当中有三个特征……这三个特征较之于从前的实践,突破性在于……其原因包括国际法的空白、大国政治两方面原因。能概括成这样,才能认为,你的构思清晰到可以写作了。否则,宁可先停笔,也别制造出一堆让读者看了就犯困的文字。中国古话说得好,"大道至简"。至少在文科当中,哪位著名学者的最经典理论是无法用几句话大致介绍给别人的呢?

所以,建议刚刚开始做科研的小朋友,一定及时纠正自己的审美。一个东西不是越复杂越好,如果一个问题真的超级复杂,那么,建议你适时剥离不必要的表述,留下最为核心的观点。如果一个问题复杂到你自己都没法三言两语说清楚,那么,请千万别动笔。琢磨,再多琢磨会儿!

同学,你对什么是"创新性"以及"你能做的创新"有误解

吉大秋果

人还是得对自己是谁心里有数啊!

我认为,交叉学科、跨学科的题目,涉及比较大的一级学科、二级学科的题目,特别新的新生事物以及太理论太抽象的题目不建议做。有读者留言说这些都不能做,那就没有什么创新性了。这是个误解。

(1)这些选题可以做,但是挑人。交叉学科、跨学科需要多学科学习经历和背景,两个或以上学科都需要非常扎实。请问研究生具备吗?一级学科、二级学科这些都是学科大咖做的,要求对这个学科有着几十年的积累和功底,你有吗?新生事物没有文献,没有前期研究,你能驾驭吗?而且可能需要一头砸进去好几年,你能坚持吗,你不毕业了吗?而且还有可能研究不出来成果。太理论太抽象涉及形而上,对人的大脑思辨能力以及专业理论积累要求特别高,你行吗?如果这些都行,可以写。注意不是你认为的行,得有客观标准。

(2)研究生写论文为了啥?几个目的,第一个就是训练研究生用自己的学科知识解决问题的能力;第二个是在

解决问题的过程中学会知识运用和一些做事的逻辑、规范,增长经验;第三如果能在这个基础上做一个小小的创新那就可以了。不要奢求太大的创新,一般研究生没有这个能力。实际上,如果你站在我——导师和一年评阅几百本论文的评阅人角度你会发现,现在的论文能把第一、第二个目标实现就不错了。第三个目标其实是一个期待,我们期待能有创新。但是基础是得把头两个目标做好。如果你是北大韦神,或者一个领域的天才和积淀多年的专业人士,可以考虑一些相对中型和大型的创新。作为一个研究生,先把头两个工作做好,然后再考虑创新的问题。事实上,头两项工作做不好,创新也是不可能的。

以上并没有什么歧视,就是说明有些创新需要一定的条件,而研究生绝大部分都处于成长期和积累期,硬件和软件都支撑不了这样的选题。当然凡事有例外,如果有天赋异禀的研究生不排除例外情况发生。能不能做看人,不是这个选题不能做,是你能不能做。要对自己有充分的认识,不要在不具备条件的情况下为了追求创新性拔高自己,应该先看看自己的积累够不够。

爬树鱼图解啥是"创新性"，再不明白我也没招了

爬树鱼

啥叫创新？

别人是：

你是：

但，你不能是：

创新可以是资料创新．
比如，别人的：

我的：

但，创新不可以是：

不仅不能吃还会咬读者一口。

我导说了,论文还可以是方法创新。

我导还说,创新可以是视角创新。

后来,我听说,我那篇又蔫巴、又和稀泥、又不大气的论文,被我导拿去给研一小朋友当教学用品了。于是,我去问师弟。

我:师弟啊,咱导是拿我论文做反面教材了吗?

师弟:不,咱导夸你了。

我:咱导夸我啥了?

师弟:夸你勇气可嘉啊。

后来,我觉得我导说得也不对,因为我找到了第四种创新的办法。于是,我跑去问我导。

我:老师,观点创新叫不叫创新?

我导说:当然!你想怎么创新?

我:我想去各大核心期刊翻大佬们的文章,然后专门写驳论!他们说啥是对的,我就说啥是错的!您看这招行不行?

我导:你给我出去!以后出去开会,别说是我的学生……

我很疑惑,出门后问我师兄。

我:师兄,你说,咱导为啥不高兴?是怕我得罪大佬吗?

师兄:不,咱导是怕教出来一个杠精。

"让你交初稿,不是交草稿",这句话到底啥意思?

爬树鱼

标题这句话,是我在网上某帖子里看到的,这很显然是导师对自己不争气的学生的怨念之一。相信交过毕业论文的同学看到这句话都会会心一笑,而没交过(或正在写)毕业论文的同学则很可能不太懂:二者有啥区别吗?当然有啊!为了避免更多同学冒冒失失把草稿给导师交上去,我在此给大家做个示范:

以下是草稿:

最近国际上关于数字产品出现了很多问题。美国一直对中国产品很是警惕,例如华为事件。最近英国也出台了新法律,禁止中国生产的摄像头在英国安装。上述事件表明,此领域矛盾激化,可能有经济原因也可能有政治原因。

以下是初稿:

最近,国际社会围绕数字产品引发的争端频频发生。在中美贸易战当中,美国出台的"华为芯片禁令"在国际社会曾引发轩然大波;近日英国关于禁用中国产摄像头的新闻,同样引发了关于"经济问题政治化"的担忧。此领域的矛盾激化,究竟是由于全球经济下行、因而贸易保护主义兴起,还是由于新冷战思潮复兴?

区别在哪?前一稿就不像论文,意思都对,但稿子保证让你老师看了就晕。不仅如此,像"草稿"的稿子,往往还充满了错别字,字体字号不统一,注释没加……

对此,可能有的同学有异议:老师,反正我交上去的初稿也得改,甚至还会被您改得面目全非。所以,难道不是"意思对了"就可以了吗?为啥得弄得那么完美呢?

其实,持这种观点的同学真不在少数。我自己收到初稿的时候,就有相当一部分同学这么给我留言:老师,稿子没排版,等最终定稿了我再排;老师,稿子没加脚注,等定稿了我一定会加;老师,稿子没校对,您先看着,我一边修改一边校对!

我:……也就是说,我不配看赏心悦目的稿子呗?

当然,我从来没这么反驳过学生;我其实也知道,学生的问题在于"不懂"而不是不尊重老师。但对于这个问题,我读书那会儿是这么认为的:我交给导师的,应该是我不借助导师任何指点的情况下所能完成的最好的一份稿子。原因很简单,我导师也很忙的,与其让他一边看一边皱眉、磕磕绊绊地看完稿子然后勉勉强强提点儿修改意见,还不如让他舒舒服服地看完稿子然后心情舒畅地批评我一顿。这其实跟"把稿子递过去的同时给他老人家倒杯热茶再送上去两块糕点"是一个道理。

综上,在此向同学们提个建议:所谓"初稿",按字面理解就是"第一稿"而不是"还不能叫作稿子的半成品"。所以,同学们能不能尽自己所能弄一份自己最满意、最优秀的稿子出来?网上不是都说"优秀是一种习惯"吗?

《研究生论文写作伤残鉴定标准》

吉大秋果

前提:本文讨论的普通议论文写作,不是 review(这是大咖写的),研究生应该老老实实地写普通议论文,这里面一定要遵循提出问题、分析问题和解决问题的思路,也即针对一个问题给出论据充分的结论,因此也涉及问题、结论和前提,以及前提和结论之间的论证和推理。

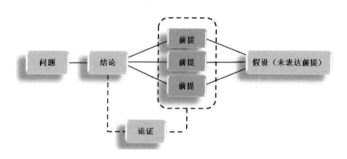

论文写作底层逻辑图

(1)一级伤残:没有问题(没有问题意识)

没有问题这篇文章就没有存在的价值,论文是解决问题的文体。即便编出一篇论文,也是学术垃圾。参看上图,所有的学术研究都是针对一个问题给出论证充分的结论。问题都没有,研究也就不复存在。表现形式有:

①论文的标题就是一个研究领域,比如《国际投资法院制度研究》,不知道问题是什么,只有个问题可能发生的载体——国际投资法院制度;②写成了说明文,并不是议论文。

(2)二级伤残:有问题但缺乏提炼(问题不具体)

这类论文问题是有的,但是缺乏提炼,比如题目为《劳动争议仲裁机制研究》,这个题目本身看不出来问题,但是你问写这篇论文的学生,他会告诉你仲裁机制存在不健全、无法执行、操作不规范等问题。也就是他发现了A、B、C三个分散的问题。他需要找到A、B、C共同的上位概念并将这个问题是个什么描述出来。但通常A、B、C是分散的,不属于一个体系,所以只能说有问题,不具体。具体操作可能需要围绕A、B、C中的一个细细展开(只是可能,常见情况是这样的)。这类问题如果没有得到纠正,最后成稿的论文就是拼凑的,没有体系性,就是几个问题堆在一起,没有价值。

(3)三级伤残:有问题但缺分析问题部分

有些论文特别有意思,提出完问题之后直接就解决问题了。那么这个结论是怎么来的?我们都知道结论是前提推出来的,前提就是分析问题的部分,那么你的前提呢?你的结论是石头里蹦出来的吗?常见的表现是一篇论文第一部分铺垫了一堆无用的东西,第二部分提出问题,第三部分写建议措施,缺分析问题部分。

(4)四级伤残:有分析问题部分但是是瞎编的

从论文写作底层逻辑图可以看出,前提要能推出结论,前提和结论是属于必要充分条件,最起码也得是一个充分条件,这就说明前提和结论是有关系的,实践中这种关系通常表现为一个理论体系内部的因果关系。比如你要证明张三构成故意杀人罪就必须动用犯罪构成要件理论(主体、主观方面、客观方面、客体)。所以,学生需要指出其论文使用的理论基础(分析框架)。如果不能指出来,就是瞎编的。常见表现形式:在分析问题部分随意给出几条理由,这几条理由都是自己杜撰的,理由和理由之间不存在关系,共同在一起跟结论也没什么关系。此处不能理解的话,还是要结合图,观察前提之间的关系和前提与结论之间的关系。

(5)五级伤残:有分析有理论但是太离谱

上文说分析问题需要有一个理论框架,但是分析一个问题的理论框架有很多种,学生毕业论文不要脱离本学科,也不要分析层面太高。还是以故意伤人罪这个问题为例,可以从①犯罪构成要件理论②刑法理论③法学理论④社会学理论(经法商等)⑤人文学科理论(文学历史等)⑥自然科学……⑦社会经济文化自然元宇宙……。作为学生不要超出自己的一级学科,最好使用跟这个问题紧密结合的理论去分析,如果一个法学学生使用了经济学理论,就很让人怀疑他有经济学理论基础吗?还有一种论文更离谱,什么分析都直接在经济、社会、文化层面找原因,这已经脱离了学科了,大学毕业论文是让你用学科知识解决问题,而不是让你站在那么高的层面解决问题,这跟你的毕业论文没有关系。

(6)六级伤残:有分析但分析和结论对不上

这属于论证问题,论证的严密度不好,论证松散,而且前提本身可能也有问题,前提是否为真,前提能否推出结论,等等。论证不好就涉及对理论的理解和适用,这是专业层面的问题,同时也涉及推理和论证方面的问题。

(7)七级伤残:有结论但放之四海皆准

这也属于结论和分析问题对不上,而且也可能发生在没有分析问题、没有理论的各种场合。这种结论很正确,但是却没用。你把这个结论放在其他问题上也是成立的。但是,之所以把它排在七级伤残是因为如果前面做得还行,就是结论是这个样子的那属于七级伤残,如果前面不行,比如没有问题意识的情况下结论可能也是胡诌或者没有结论,那就属于一级伤残。

(8)八级伤残:参考文献乱七八糟不充分

理论上参考文献决定着论文的好坏,分为实质问题和形式问题,本处仅探讨形式问题,因为实质问题会引发上面的1—7级伤残。参考文献形式问题很多,比如格式不统一,掺杂了好多种不同的注释体例;比如符号错误——全角半角;比如英文作者名写作习惯——名和姓、缩写怎么办……还有就是参考文献不满足四性:全面性、权威性、及时性、针对性。

(9)九级伤残:错别字

实践中,论文写作允许的错误率是万分之二到万分之五之间,每个学校的标准不完全一致。错别字这个事严格意义上不是实质问题,但是标志着写作态度有问题。所以,老师们看到了都心情不太好,但是这类错误好改,也正是因为好改还错就感觉不好。

(10)十级伤残:写错导师名字或直接扒致谢等外围内容

致谢都得抄别人的,抄就抄但是连当事人的名字都懒得改,这真是太过分了。但是这又不是实质问题,又能怎么办呢?只能认定为十级伤残!

恨鲥鱼多刺、海棠无香，才是科研最常态的模样

爬树鱼

本文想跟大家聊的,是新手做学术比较容易出现的一种现象:见异思迁。即,一项研究做到一半儿,突然被一种"无意义感"纠缠住了——这个题目真没意思！题目本身并没有自己想象的那样有创新性;某些问题论述起来相当麻烦;论文当中需要使用很多案例,但案例读起来特别累……还不如另一个某某题目有意思！于是,某些意志不坚定的学生就会在此时心猿意马、见异思迁,决定把研究到一半的题目放下,转头去研究全新的题目。不过,上述"见异思迁"行为多半会遭到导师的反对。绝大多数导师的意见是:不论如何,先把手头的题目做完、写出来,投出去！对此,可能会有学生表示不解:为啥？从前那个题目都那么无聊了,老师为啥不允许我去做明显更有意思的题目？

其实,搞过科研的,估计都理解为啥一个题目做着做着就突然感觉没意思。除了见异思迁这种人性方面的因素,单说科研这件事儿本身,哪怕这篇论文的题目是你真的很热爱的,但除了你"真正热爱"这部分,总有一些内容,论述起来很麻烦,自己知道是这么回事儿但就是得找

大量资料去论证,写起来还烦,还不是论文核心内容但又必须要写。不仅如此,哪怕这个选题是你从头到尾都很喜欢的,我相信,没几个人喜欢一遍遍修饰语言、检查错别字、加脚注、调整格式、排版、弄摘要参考文献、翻译英文标题摘要……这些活儿,干过的都懂!但,不论是一万字还是十万字的论文,这些边边角角的活儿,该干还都得干,而且绝对没法外包!

每当写一篇论文写到这些必须得干但真的很烦的部分,我总会想到张爱玲那句名言,恨鲥鱼多刺、海棠无香。鲥鱼我没吃过,但估计应该是一种好吃但是超多刺的鱼。海棠我倒是总见,我母校南边就是北土城路海棠花溪。如果你问我不香的海棠花要不要去看?那当然要啊!同理,写论文遇到自己实在啃不动,或者能干但足够闹心的部分,直接把整个论文扔一边儿不管了,绝不是一种理智的做法。相信我,哪怕看起来再有意思的题目,也都会遇到这种烦人的部分。

当然,此文的目的只是劝说同学们遇到难点别绕着走,以免习惯成自然,但绝对不是说在自己已经很闹心的情况下还应该硬着头皮干,这样绝对出不了成果。适当的放松是必要的,比如读点儿新资料或者出去玩玩都是很正常的。只不过,休息是为了更好地工作,一定要记得把暂时放一边儿的文章再捡起来写完!

为啥看别人写论文都觉得容易?

爬树鱼

尽管"看人挑担不吃力"应该是普遍现象,但是,在写论文领域,不论你去采访任何一位已经发表了论文的"成功人士",你很大可能会获得如下对话:

(1)问:你是怎么想到这个题目的?

答:我有一天看新闻,看到这么个案例。然后,我一拍大腿:啊,这个案子可以写个论文!

(2)问:你是怎么想到用某某理论去分析这个问题的?

答:我就知道啊!我看到这个问题就知道应该用这个理论!

(3)问:你是怎么找到关联案例的?

答:很简单的,我把第一个案子放到谷歌里面搜索,然后后面五个就全出来啦。

(4)问:你是怎么想到从这个角度去分析这个问题的?

答:因为我之前刚刚读过某某的论文,我觉得他说得不对,应该是我这样分析!

不论去采访谁,对方似乎都是运气爆棚,想要资料有资料、想要理论有理论,想要灵感有灵感……

不过,上面那个回答问题的"成功人士"不会告诉你的是:(1)关于"看个新闻就找到个案例":他一年看了365天新闻,最终碰到几个案例?就这么一个!

(2)关于"我就知道用这个理论":作者知道但从来没用上的理论会有多少?

(3)关于"关联案例":下面两种情形究竟哪种更符合实际情况:第一种情形,作者把一个案例敲进谷歌,搜索页面的第二三四五六条分别是五个可以拿来就引用的关联案例。第二种情形,作者把第一个案例敲进谷歌,然后搜索页面翻到第三页终于找到了第二个关联案例,然后连续尝试了十个网页终于找到了这个案例的全文;然后,又读了二十篇关于案例二的介绍,终于在第二十篇文章的末尾发现作者提到了第三个关联案例……

(4)关于"角度":这位"成功人士"八成会告诉你,他在知网下载了120篇论文,然后,终于与其中一篇产生了共鸣,并想撰文一篇。再然后,他又把知网翻了个底朝天,最终认定,没人持有和他一模一样的观点,于是才动笔……

简单地讲,你看到(或听到)的论文写作路径是这样的:

但实际路径,很可能是这样的:

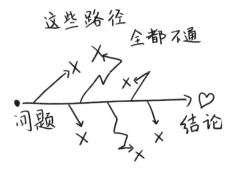

那么,为啥听别人讲论文写作过程都觉得容易呢?是作者有意不把此前闹心的经历告诉你吗?我觉得倒也未必。更有可能的原因是,作者写论文相当于吃甘蔗。甘蔗吃完了,谁还把甘蔗渣留着呢?

那些一眼看上去很烂的论文都长啥样?

吉大秋果

看很烂的论文很省力,看写得稍微好一点的论文很费力!

很多粉丝问,秋果,你一年看那么多论文是不是很累。果说:"不累"。因为绝大多数论文只需要一眼,就能看出这是一篇很烂很烂的论文。

(1)没有问题意识的论文

正常论文的标题应该是 A(学科专业术语)的问题及对策研究,即必须指出研究对象也就是 A,以及 A 存在的问题和解决方案(对策)。没有问题意识的论文通常就是会表述成——关于 A 的研究。只有 A,没有问题,没有对策。打开一看就是一篇说明文。这种论文一看就没必要再看,花费时间 2 秒钟!

(2)研究对象漂移的论文

如果一篇论文的标题为《国际商事仲裁程序制度的完善》,核心词是程序制度,程序制度有两个修饰词:国际+商事仲裁。研究对象漂移是指,论文的每个部分扣住的都是不一样的关键词。比如:

第一章:国际商事仲裁与国内商事仲裁的区别

第二章:国际商事仲裁的问题

第三章:国际商事仲裁程序存在的问题

第四章:国际商事仲裁程序制度的完善

这四部分的标题每个都有一个不一样的核心词,第一章是"国际";第二章是"国际商事仲裁";第三章是"国际商事仲裁程序";第四章是"国际商事仲裁程序制度"。如果第一部分是A;第二部分就是A+B;第三部分就是A+B+C;第四部分就是A+B+C+D。这是明显的打一枪就换一个地方的写法,完全扯淡。识别这类问题,花费时间5秒!

(3)结构错乱的论文

一般意义上,论文是按照提出问题、分析问题和解决问题三个模块呈现的,如果一篇论文上来就谈概念、定义、特征、发展、历史。不看,花费时间3秒钟!还有可能缺东少西,比如上来谈背景,然后谈问题,最后直接就进入对策,没有分析部分。这类论文不行,花费时间5秒!

(4)参考文献不行

参考文献不行分为数量不行和质量不行。数量不行需要花费的判断时间3秒!质量不行需要10秒!

基本上这些问题就能把80%以上的论文过滤掉,所以,看一篇论文,以我的功力不需要超过1分钟。倒是那些这几个方面都做得还行的,就需要深入细致地看摘要、引言、正文、行文、结构、论证等。

写论文是科学不是艺术

爬树鱼

每年三月底,估计是无数老师脾气暴躁的时候。原因:学生交论文 deadline 要到了。对我而言,三月底尤其容易产生写文的灵感!本文分析的就是屡屡发现的一种论文乱象:论文明明是科学,你非得把它写成艺术……

别误会,咱们说的论文是文科论文。理科论文反倒不需要讨论"会不会写成艺术"这种问题,因为理工类学生告诉我,他们论文是有模板的,比如实验对象、实验方法、实验流程。那么,文科论文是怎么写成"艺术"的?我举几个例子(纯虚拟,下同):

(1)云山雾罩,不明不白

举例:某某问题在法律上的确具有明确规定,但在实践当中却捉襟见肘。

我:同学你能明确写写,这个问题为啥在实践当中"捉襟见肘"?是有法不依,还是法律太模糊法官适用混乱?

学生:老师,需要写吗?

我:这叫论证啊论证!不能只写观点让读者去猜。

(2)务虚不务实

举例:某论文二级标题为"(二)积极应对欧盟对外缔约"

我:同学,请问应该"积极应对"?是提出"中国模式"和欧盟形成对抗呢,还是接受欧盟模式的同时与欧盟展开谈判?

学生:老师,我觉得是第一种!

我:那么,你的论文二级标题为什么不起成"以中国模式对抗欧盟模式"?

学生:老师,需要这么清晰吗?

我:需要!我是读者的话,恨不得不看正文只看标题就知道你要写啥。

(3)措辞唯美,因文害意

举例:美国的长臂管辖虽然表面上言之凿凿,但国际社会应者寥寥,这一实践因而不免茕茕孑立、形影相吊。

上一次我见到这个文风,是我高中那会儿。我自己的作文就是这个风格;但,我那时候一般会写"咏昭君"或"枫桥夜泊"。最贴近时事的一次,是写"卢沟晓月下的七七事变"。我从没用过这么工整的对仗描述国际法。

综上,写论文是科学,写文科论文也是科学!不是说不让你有文采,但文采应当体现在"如何用最精练的文字传达出最复杂的含义,让读者一看就懂、而后拍案叫绝";而不是让读者沉浸在你描述的意境中久久不能自拔。其实,你的读者也没那心情。正所谓"与人方便自己方便",读者(外审专家)看得轻松,你的论文才会更容易过盲审!

看完AI一本正经地胡说八道之后，我彻底放心了

爬树鱼

进入2023年以来，各种关于"AI取代人类某些职业"的说法甚嚣尘上，直接结果是闹得人心惶惶。作为一名还算任劳任怨的码字儿民工，我当然也十分担心自己失业。假设哪天AI会写论文，是不是就没我啥事了！于是，我注册了某(非ChatGPT)人工智能网站，这是一个煞有介事宣称能帮助写论文的网站！具体怎么"帮"的我不知道，反正，看完AI小朋友一本正经地胡说八道并帮我杜撰了很多学术思想后，我彻底放心了。距离失业，我还远着呢！

那么,AI究竟是咋胡说八道的?我总结了几类实例。(该AI仅有英文界面,因此,以下均为英文转译而来)

例一:资料落后,不懂更新

我:请帮我查找,RCEP当中是否具有算法责任条款?

AI:RCEP是……它签订于某某年,共有某某、某某等N个成员国。尽管RCEP当中具有高水平的电子商务章节,但它不包含算法责任条款。(到此,完全正确。)

可是,紧接着,AI开始胡说:但,考虑到RCEP文本尚未全部披露,因此,不排除最终文本中纳入算法责任条款的可能。

我:已经"签订"的条约文本还未全部披露?这胡说八道的本事哪来的?

PS:这一点,我后来想明白了。可能是AI错误地参考了过时的、RCEP还没谈判完成时的网页;而且,不像人类,它并没有"通常来讲,已签订的条约不可能不公开"这个常识,也就没有使用这个常识排除过时的网页的功能。

例二:望文生义

我:请帮忙分析欧盟某某规则与美国某某规则的区别。

AI:二者区别在于,欧盟某某规则适用于全部网络服务提供商,但美国某某规则仅适用于A、B、C、D四类网络服务提供商。

我:……其实正好相反。欧盟规则的适用范围反倒窄于美国。只不过吧,欧盟那个立法是以描述式开头的、而美国立法则是以列举式开头的。于是,在 AI 看来,描述式的范围肯定宽于列举式?

例三:不会质疑,"错进错出"

这次,我是故意的!

我:请帮我分析 CPTPP 第 18.9 条"安全港规则"的重要意义。(说明:条款名称正确、但编号错误)

AI 一本正经开始分析第 18.9 条多么重要。

我:……

例四:这家伙悄悄地给我夹带了点私货。

我:请列举美国特朗普总统发布 TikTok 禁令对国际法的影响。

AI:……

你猜 AI 是站在谁的立场上回答的?

例五:AI 不会分析法律要件!

我:请分析,美国在中美贸易战当中援引 GATT 第 21 条"安全例外"是否合法?

AI:有的专家主张,这是贸易保护主义。但也有的专家支持美国,认为这是一个安全问题。

我:……这是道法律题吧,不是国际关系题。

(不管我怎么调整问题,该 AI 都没明确告诉我 GATT 第 21 条有哪些要件、美国究竟满足或不满足哪些要件。)

综上,我彻底放心啦。我一时半会儿不会失业!而且,同学们,论文写作还是得学,AI 暂时还没智能到能帮你写一篇 CSSCI 级别的文章。

再论 AI 为什么不会写论文

爬树鱼

我在朋友圈发表了"让 AI 写论文,它给我一本正经地胡说八道"这一言论之后,某同学给我留言:老师,我也发现了!问 AI 一点日常问题,它基本不会出错。例如它不会告诉我太阳是绿的、炒菜需要放砒霜。但,为啥一到学术问题,AI 就胡说八道?

我觉得原因可能有以下几点:

(1) AI 没有基本的学术背景

从前,我和某个同学讨论"我要招什么样的硕士生"的时候曾经提过一句,我要尽量招法学本科生,因为他们至少学过国际法,有相应学术背景。他表示不大理解:老师,我是法学本科,但我没感觉我多渊博啊?其实,这应该是一个"知识诅咒"的问题了:只要你学会了某个东西,你就完全不可能理解"不会这个东西的人应该是啥样"的。

所以,让 AI 写论文,它很可能干得出这样的事:欧盟法和美国法均作出了某某规定,所以二者是相同的!

但,AI 很可能不知道,哪怕两个法条措辞完全相同,其特定术语的意思也不一样。例如,如果你去追问它,某某概念在欧盟法是啥意思,在美国法是啥意思,它知道。但,如果是这个概念分别出现在欧盟和美国法律当中,AI

在法律比较的时候就会漏掉"概念内涵不同"这个问题。"追问"这个功能固然好使,但前提是,你得会问啊!

(2)AI 没联想功能

法学研究的一个重要手段,是联想。例如,我给学生讲过的"联想研究法"是这样的:当你遇到一个新问题,不妨思考下,这是不是哪个老问题的变体。

但,AI 它不会!它想不到这个问题是哪个案子转化来的!(它碰上案子就会感觉是新案子。"联想"功能至多达到"这是中国诉美国关税案,前几年中国也就关税问题诉过美国";但,绝对达不到"这是中国诉美国关税案,背后体现了市场经济待遇问题。这个案子与越南诉欧盟某案非常像"的程度。)

(3)AI 不会理论结合实践

我曾经采访过一个法理学牛人,这位牛人擅长的研究方法是从案例出发探讨背后的法理学经典理论争议。我问他:你是怎么看得出这个案子体现了什么法理学问题的?

这位牛人一脸无辜:我就知道啊!看到案子我就能联想到那个问题!

AI 不行。你如果告诉它用哪个理论分析,它八成能给你试试,但质量不一定好。但,如果你不知道用什么理论分析,那么,AI 也不会。可是,如果我连用什么理论都知道了,我还要 AI 干啥……我为什么不自己分析……

综上,AI 是工具!创意得你自己来提,法律问题得你自己去发掘。它只能"指哪打哪",不能主动替你提供些绝妙创意。但,问题是,写过论文的都知道,写论文这事儿,创意最重要啊!

三论 AI 写论文：它真会"写"吗？

爬树鱼

我前两篇文章对 AI 的批评，主要建立在它缺乏学术背景的基础之上。当然，反过来想，这其实也不是 AI 的错，应该是开发者没有专门喂给它足够的学术素材。那么，单纯地"写"这事儿呢？AI 擅长不？或者说，如果我把学术资料弄利索，让它帮我完成"写"论文这个动作，它行不行？

答案：其实也不行。

我举几个例子：

（1）AI 不懂法，所以也看不懂专业名词。

例一，我喂给它一个句子，让它帮我改成学术语言。这个句子是：人工智能司法……

AI：建议您改成"人工智能算法"！

我：……

例二，我：对于算法黑箱的治理……

AI:对于算法黑盒子的治理……

（2）AI可能不知道啥叫专业的学术语言。

举例：随着第四次科技革命的到来，人类社会已迈入数字化和智能化的时代。（我写的某篇论文开头第一句）

我：AI，能帮我修改得更学术一点吗？

AI：好的！随着世界第四次科技革命的到来，目前的人类社会已经从各个方面一步一个脚印踏踏实实地迈入产业数字化、产业智能化的时代。

我：……AI，能再试试吗？

AI：可以！随着百年一遇的第四次科技革命的到来……

我：没毛病，的确百年一遇。一百年前，我太爷爷还没用上电灯呢。

（3）AI会替我脑补！

我写的：以我国算法治理的最新实践为落脚点，分析我国算法治理的因应。

我知道这个句子写得不好，但AI也不能给我改成科技论文呀：以我国当下人工智能算法黑产治理最新应用的实践为研究落脚点……

结论：算了，我自己写！

AI时代，究竟还需不需要知识的记忆？

爬树鱼

写这篇文章，是因为看到一段话：ChatGPT时代，需要的不再是知识的记忆。其实，这句话还真不是啥新鲜事儿。对00后年轻人而言，或许没经历过那个一切靠纸笔的年代。但本80后经历过啊。90年代中期，随着互联网开始普及，网上就曾经有过一阵风：互联网时代，什么东西都能百度了，所以，记忆已经不重要了，重要的是……（此处请自行插入某某某能力）这句话正确吗？

在我看来，显然不正确。别的领域咱不谈，只拿我自己比较熟悉的法学科研举例，我坚决反对学生们高举"记忆无用论"的大旗、一味强调所谓的"理解"。原因如下：

其一，人工智能再智能，它没法替你建立知识体系！我自己给本科生讲课，甚至不介意告诉学生们"本章有几个重点知识"。这倒不代表"考前划重点"——因为我的重点提示是在一章之前而非期末考之前进行的。我这么干，纯粹是想让学生们一闭眼睛想到某一章就能想起来这章的知识结构；然后整本书学完一闭眼就能从第一章回忆到最后一章。这个结构在我看来，远比"我国究竟和多少个国家签订了司法协助协定"重要。后者才是不需要记忆的东西,有需要搜索一下就行。

那么,知识体系为啥重要?这东西的意义就在于,未来见到一个没学过的东西时,没知识体系的人只能零零散散地死记硬背还容易忘;而有知识体系的人,可以直接把那个新东西安进体系里。具体细节忘掉没事,但这个体系,AI知道,可不等于你也知道。

其二,人工智能会胡说八道!假设你的脑子里啥知识都没有,就只能是AI说啥你都信。——看看,这像不像被电信诈骗的受害者?

其三,只有"心中有知识",才能高效率地向AI提问。现在随便在网上逛逛,都能发现很多帖子在教人怎么"向AI提问",比如给AI设定一个角色(例如幼师),限定提问范围(例如"从国际政治角度分析"),但向AI提问的一个前提,是你心里得先有个谱,才能指挥AI向你希望的方向前进。举个例子,提问"从国际政治角度分析美国贸易战",这个问题的精确程度显然不如"从复合相互依赖理论角度分析美国贸易战"——那么,"复合相互依赖"理论是哪来的?难道不是脑子里原有的知识储备吗?

不开玩笑,我真的试过和AI聊哲学。让它给我泛泛地讲哲学的故事,真不如从我既有的知识出发,跟AI探讨"马基雅维利的现实主义思想"。简单说,你越聪明,AI越聪明!

综上,AI时代不是会思考就行,必要的知识基础还是需要的。该背的还是得背!

一学就会的论文写作技巧（本科生版）

爬树鱼

写本帖子之前，先回答一个问题：论文写作究竟有没有写作技巧？理工科的论文写作是有模版有技巧的。往往十篇论文都是同一个套路，只不过换换数据而已。那么，文科论文没模版，那有技巧吗？老实讲，虽然我导当年对我说"文无定法"，但一些基本的技巧还是有的。只不过这些基本技巧在我导师这一级别的大佬眼里可能是"常识"，尚且上升不到技巧层面。本文先写基础版的、面向本科生的论文写作基本技巧：

（1）实在不会写，你就写三段论！简单说就是提出问题（第一部分）—分析问题（第二部分）—解决问题（第三部分）。举个简单的例子：

提出问题：我在实践中发现了算法价格歧视。

分析问题：这是对某某权利的侵犯。

解决问题：我们要维权！

这个思路看似平庸，但至少不会让老师说你没有问题意识，而且总比自创的各种神奇结构稳妥。

（2）不会拟论文大标题？也有个套路：某某场景下的某某问题研究。其中，"场景"是限定问题出现的场合。"某某问题"一定是个法律概念。

例一:高空抛物致人损害中的损害赔偿范围界定

例二:区域贸易谈判中的"国有企业"问题研究

(3)开头部分总感觉突兀?没关系,在你的开头后面加上"本文……"就不突兀了。

举例:本文通过对……的分析,揭示……问题;从……,……,……等方面分析其危害,并深入分析其对策。

(4)论文各部分之间不会过渡?过渡段其实挺简单的。

举例:上文对……的分析充分表明……(此处承上),此处还将分析……/关于上述问题的危害,本部分将……/关于上述问题的成因,本部分将……(此处启下)

(5)不会写"结语"?也有套路。

套路一:展望式结语。本文对……的分析,揭示了……此种现象的危害体现为……因此,唯有采取……,方可……。

套路二:利益分析式结语。本文对……的分析,不仅有利于……,还将……。

套路三:"揭短"式结语。此种结语不常见,但偶尔会出现在一篇限定条件特别多的论文当中。此种结语的写法如下:需说明的是,本文仅对……进行研究。还有……,……,……等问题,仍然有待进一步研究。

(6)你老师总说你观点不清晰?我给你举个清晰无比的写法做例子:

一级标题:某某问题的司法困境

标题下第一段:(写一句承上句)+基于此,本部分将从……,……,……三方面阐释某某问题的司法困境。(这句启下句综合概括下文论述的三方面)

其一,某某问题的司法困境首先表现在法律标准模糊。(即,每一段首句都是主题句)

其二……

其三……

一学就会的论文写作技巧
（硕士生版）

爬树鱼

本文专门针对硕士生的论文写作。

（1）写硕士论文之前需要写一个开题报告，开题报告里面有文献综述。这个综述请大家认真写，别偷懒。因为，三个月后，文献综述将会整体纳入你的硕士毕业论文，成为"引言"或"第一章"（视各校要求略有差异）！

（2）硕士论文有一个特别省事儿的构思方法：

第一步，先关注一个实践当中乱糟糟的问题。例如：美国屡屡使用单边制裁欺负其他国家。然后，概括一下具体表现。

第二步，读很多文献，抽象出来你认为这个现象的本质。例如：国际法缺乏对美国单边制裁的有效规制，所以美国想干啥就干啥。

第三步，分析一下我国应该怎么做。比如：通过《阻断法案》；对等报复；联合诸如欧盟成员国等其他国家共同对付美国。

第四步，从第一步或者第二步当中抽象出来个论文标题。举例来讲，此论文的大标题既可以起成：《美国单边制裁的泛滥及中国应对策略研究》（这是从第一步当中抽出来的题目),也可以起成《应对美国单边制裁的国际法分析与我国对策》(这是从第二步当中抽出来的题目)。

说明:"第二步"只能抽象出来"一个本质"或"一个线索",否则,这篇论文绝对没法写!原因很简单,一篇论文只能有一个主线。

(3)硕士毕业论文结构设计大忌(一):专门设一部分进行概念介绍,例如:

一、相关概念界定

(一)数字产品

(二)非歧视待遇

(三)关税

(四)海关与边境措施

……

(4)硕士毕业论文结构设计大忌(二):专门设一部分名字叫"案例综述"。例如:

二、案例综述

(一)张三诉李四案

(二)王五诉赵六案

……

但,你可以这样写:

二、司法如何阐释立法?——基于我国判例的实证研究

(一)对法律文本的扩张解释——以张三诉李四案为例

(二)基于立法目标的限缩性解释——以王五诉赵

六案为例

是不是看上去专业多了?其实两种写法差不多,只不过第二种写法多加几句话而已。

(5)论文各级标题不能用"提出问题""分析问题""解决问题"这几个字。

但可以这样写:

提出问题:……的缘起

分析问题:……探析,或:……的困境(分析),……的成因(分析)……

解决问题:……的对策

反正都是一回事儿。

后记:六年磨了两把剑!

嗨,伙伴们!《你学习那么好,为什么写不好论文?》的姊妹篇终于跟大家见面了!在与爬树鱼讨论之后,我们决定沿用我们一贯的、用不正经的方式做最正经的事的风格,给它起名为《你写的论文,为什么老师总看不上?》,扎心且直击灵魂!哈哈!

熟悉我们的朋友都知道,这本书也是我和爬树鱼共同经营的公众号"女教授跟生活的死磕"(不,其实是"女教授跟生活的死磕"和"女教授跟生活的死磕2"两个公众号,这是另外一个悲伤的故事)中部分帖子的集结出版。我和爬树鱼从2018年开始写有关论文写作的帖子,至今已写了六年,共有七百多篇。经过精心挑选,将其中我们满意的、能拿得出手的帖子集结起来,形成了大家看到的这两本书,我们经常戏称:六年磨了两把剑!

经常会有人问,一个论文写作指导,怎么能写这么多篇帖子?说实在的,我们也没想到这个话题能唠这么长时间,写出这么多东西。在最开始写帖子的时候,我和爬树鱼都只是想"偷懒",将我们平时在指导学生时发现的问题写出来,随手转给学生就一劳永逸了。这样学生虽然一茬一茬地更新,但是我们的"指导思想"一直在,而且是以方便转发、随身携带、即时触达的方式存在,这帮我们节省了很多"唾沫星子"……还能提前起到警示作用,每年研究生考试结束,新生开始联系我们做导师的时候,我和爬树鱼就会毫不犹豫地将整个公众号(对,你没听错,整个!)一键转发,半秒触达!这样做不仅显得我们很博学,有丰富的指导经验,更主要的是方便学生了解我们的指导风格和熟悉研究生生涯最为重要的学习环节——"论文写作"的具体要求。当然,我们也吓退了不少学生,他们觉得我们的要求"太高了"(其实是常规要求),难以应付。但是,人算不如天算,他们选择了别的导师,他们的导师也同样——一键转发,半秒触达!

是的,随着我和爬树鱼笔耕不辍,我们被越来越多的高校师生所知晓,我们的写作指导方式和理念被越来越多的老师接受,他们也愿意援引甚至是搬迁我们公众号所有的帖子给学生,这样也可以省很多"力气"(教师每天说很多话真的很耗气),而且还可以义正词严地说,你看看,我对你的要求可不是特殊要求,别的导师也这样……无形中,我和爬树鱼成为别人导师眼中的"导师"。所以,无论你走到哪里,论文写作都会"如影随形",我们的帖子也会"跬步不离"。

当然,我和爬树鱼在写文的时候还是很轻松的,导致伙伴们在看到这本书以及它的姊妹篇的时候会觉得我们很不正经,没有个导师的样儿。没关系,我们也有正经的时候,你也可以随时求助我们在北京大学出版社出版的其他正经论文写作书,比如《100天写出一篇论文》《鱼老师的法学写作课堂》《批判性思维与写作》,我可以向大家保证,这些都是严肃书籍。

写到这里,就不得不感谢北京大学出版社了,当我和爬树鱼说,我们公众号后台的帖子又够出一本书的时候,编辑和社里以极其专业的方式和快速的反馈帮我们走完了所有的审批流程,以至于我们有一种昨天才提交了稿子,今天就要出版了的感觉。我和爬树鱼不停地校对、删帖、配图(鱼式配图不容错过)、选封面设计、补充前言和后记……总之,感谢高效而专业的北京大学出版社一如既往热情接纳了我和爬树鱼的新书。

最后,还要感谢公众号后台的粉丝,我现在可以讲一讲我公众号的故事了。2022年,《你学习那么好,为什么写不好论文?》出版时,公众号只有十万多一点的粉丝,到现在两个公众号的粉丝加起来已经接近三十万人,我们的队伍以肉眼可见的速度在持续壮大。在此,感谢一如既往支持我们的粉丝朋友们。当然,也有不支持我们的,这也导致了我和爬树鱼目前有两个公众号同时运行,甚至编编手里(对,我和爬树鱼的团队里还有一个编编,我们三个人在一起工作了六年,她是幕后英雄)还有第三个备用的公众号。可能我们写的帖子太扎心了(脑补的哈,不一定是事实),又或者有些导师强迫学生看我们的帖子,引发学生不满(脑补的哈,不一定是事实),又或者有些学生实在不爱写论文,本着消灭不了问题就消灭解决问题的人(脑补的哈,不一定是事实)——我们的公众号总是遭到莫名其妙的投诉。虽然每次都能化险为夷,但每次都要被限制功能几天。于是,我们有了商业思维,多准备两个公众号,俗称"矩阵"(哈哈,两个大学老师生出了互联网思维),于是我们手里有了三个公众号。哈哈,有时候想想觉得很有意思,谁会想举报一个指导论文写作的公众号呢?有一点像小学的时候在老师的包里放"毛毛虫"的小捣蛋鬼吧。

再说回论文写作,这是一项艰苦卓绝的训练,以至于在六年中能给我和爬树鱼提供源源不断的话题进行写作。对于学生而言,这又是一项必不可少的提升素质的教育环节,我们无论怎么强调它的重要性都不为过。在本书即将出版之际,又恰逢新一届学生毕业之时。今年毕业生的数量约1179万,就业市场的压力可见一斑。但是,我们必须看到就业困境是结构性的:一方面有学生找不到理想的工作;另一方面很多用人单位也找不到理想的求职者。经常会有我的师兄师姐找我推荐学生,他们用人的缺口非常大。他们需要什么样的人呢?他们说就两个条件:一个是能写的,一个是会看眉眼高低的(俗称"情商")。如果只能满足一个条件,那就要能写的吧。

关于写作的重要性,我已经不止一次在帖子里重复过,什么是高端人才,什么是具有综合素质的人才?一个标志就是——能写且能写好的。未来,随着国家经济、社会的转型和深刻变革,对人才也会有具体而明确的定义和要求,而不像二十年前,只要有一个大学文凭就能找到心仪的工作。目前,写作对于人们在未来职场上的竞争力一直没有得到很好的揭示,希望通过我和爬树鱼的努力,能够尽早让孩子们意识到写作的重要性并掌握相应的写作能力。

但是,我们也不得不承认,写作能力的提升是长期且伴随着实践的过程。我们不能期待学生在无师自通或者光看不练的情况下就能掌握写作能力。我们两个成熟的写手磨两把剑尚需六年,对于我们的学生而言,要想具备良好的写作能力可能需要更长的时间和更多的投入。阿尔·帕西诺在电影《闻香识女人》里曾说:正确的路总是比较难走!最后祝大家:千淘万漉虽辛苦,吹尽狂沙始到金!

吉大秋果(田洪鋆)

2024 年 6 月 3 日